Nina Held

Kastanienkleber & Konfettifarbe

Knetmasse, Farbe, Klebstoff & Co. zum Selbermachen: Rezepte von klassisch bis kurios

Ökotopia Verlag, Münster

Impressum

Autorin	Nina Held
Lektorin	Uta Koßmagk
Cover-Gestaltung	Kerstin Heinlein
Innen-Illustrationen	Kirsten Schlag
	Kerstin Heinlein (Zutaten-Bilder)
Satz	Hain-Team, Bad Zwischenahn
ISBN	978-3-86702-214-9

1. Auflage

Warnhinweis: Alle Rezepte in diesem Buch sind in der Praxis erprobt, ihre Umsetzung und Verwendung erfolgt jedoch auf eigene Gefahr. Die Planung entsprechender Sicherheitsmaßnahmen muss durch die Leitung gewährleistet sein; insbesondere dürfen die verwendeten Substanzen nicht in den Mund genommen werden. Eine Haftung der Autorin oder des Verlages sind ausgeschlossen.

Danksagung

Danke an meinen Mann und meine Kinder, die über viele Monate – überall im Haus – die Ergebnisse meiner Rezepte „ertragen“ mussten. Die Küche war teilweise nicht mehr zu betreten und Knetmasse, Kleber und Farbe bedeckten den Boden. Danke für eure Geduld und meinen Kindern natürlich für das fleißige Ausprobieren.
Sonja Roessing vielen Dank, dass du mir beim Ausprobieren der Rezepte geholfen hast und für deinen Humor, auch mal danebengegangene Rezepte zu ertragen.
Danke an den Kindergarten St. Josef in Dingden für eure Bereitschaft, Teile der Rezepte mit den Kindern zu testen. Super, dass ihr durchgehalten habt und dass das Ergebnis jetzt so toll geworden ist. Danke schön!
Der Kindergarten-Workshop hatte in der Zeit des Schreibens immer ein offenes Ohr für mich und einen Tipp parat, wenn ich mal nicht weiter wusste. Super, dass es euch gibt. Vielen Dank!
Steffi, Melli und Courtney danke, dass ihr jeden Blödsinn mitgemacht, euch immer hilfsbereit gezeigt und als Versuchskaninchen zur Verfügung gestellt habt.

Inhalt

Vorwort

Sie haben für den nächsten Vormittag eine Kreativeinheit mit Naturfarben geplant und fragen sich: Wie war das noch mal mit den Holunderbeeren? Welche Zutat muss noch hinzukommen, damit ich aus ihnen eine verwendbare Farbe erhalte? Vielleicht möchten Sie aber auch mit den Kindern etwas modellieren – aber wie funktioniert noch mal gleich das Salzteig-Rezept?
So ähnlich ging es mir jedenfalls und es reifte die Idee zu diesem Buch, das eine Sammlung vieler klassischer, aber auch kurioser Rezepte vereint - vom Kleber aus Quark über Malkreide mit Zucker und Knete mit Wackelpuddingpulver bis zum Flummi aus Kartoffelstärke und Öl. Mithilfe dieses Buches haben Sie nun ab sofort das jeweils gewünschte Rezept und gleichzeitig eine Fundgrube an Ideen für Aktionen und Projekte immer griffbereit. Kein Suchen in verschiedenen Büchern mehr, um aus jedem vielleicht jeweils nur ein paar Rezepte zusammenzustellen, sondern alles praktisch in einem Buch vereint!

Dieses Buch misst aber außer dem fertigen Endprodukt wie der Knete, der Farbe oder der Kreide auch dem Weg dorthin seine Bedeutung zu: Kinder sind neugierig und möchten ihre Welt erkunden. Dazu gehört auch, Dinge zu untersuchen und sich zu fragen, wie sie zusammengesetzt sind, wie sie entstehen und woher sie kommen. Ein Beispiel dafür ist die Knetmasse. Was gehört alles hinein? Woher kommen die Produkte, die in diese Masse gehören? Schon bei der Besprechung der Rezepte und bei der Zubereitung bieten sich viele Gelegenheiten, mit den Kindern ins Gespräch zu kommen und Wissen zu vermitteln.
Menschen, die viel mit Kindern arbeiten, werden mir bestätigen, dass die Herstellung eines Produktes in den Kindern meist mehr Motivation, Interesse und Konzentration weckt, als wenn sie nur das fertige Endprodukt vorgesetzt bekommen, das in den Spielzeugläden parat liegt und nur ausgepackt werden muss.

Viel Spaß beim Ausprobieren mit den Kindern
wünscht Nina Held

Einleitung

Beim Schreiben dieses Buches fiel mir das Zitat „Hilf mir, es selbst zu tun" von Maria Montessori ein, dass als Grundgedanke der Montessori-Pädagogik gilt. Ich finde, es passt in vielerlei Hinsicht sehr gut als Einleitung zu diesem Buch. Maria Montessori entwickelte Materialien („Sinnesmaterial"), mit denen es ihr gelang, die Kinder zu motivieren, ihre Neugier zu wecken und ihre Aufmerksamkeit und Konzentrationsfähigkeit anzusprechen. Als dieses „Sinnesmaterial" verstehe ich unter anderem die hier abgedruckten Rezepte und ich möchte Sie dazu anregen, diese mit den Kindern zu entdecken!

Die Kinder möchten selbstständig werden, Dinge selbst tun und erfahren. Um diesem Bedürfnis der Kinder entgegenzukommen, sind die Rezepte in diesem Buch als **„Bilderrezepte"** dargestellt. Kinder, die noch nicht lesen können, suchen anhand der „Bildergeschichten" die Zutaten selbst zusammen und setzen das Rezept auf diese Weise um.
Außerdem handelt es sich bei den Rezepten um sogenannte **„Becher- oder Tassenrezepte"**. Die Kinder benötigen zum Abmessen der Zutaten größtenteils nur Becher, Tassen oder Löffel. Somit entfällt für eine bestimmte Altersgruppe der Kinder das Lesen der Zahlen und Maßeinheiten. Stolz und selbstständig, unter den „wachsamen Augen" und gelegentlich helfenden Händen der „Leitung", erschaffen sie so, Schritt für Schritt, das Endprodukt.
Kinder wollen die Welt um sich herum erfahren und be-greifen. Sie lernen erstaunliche Dinge beim Selbst tun, sind auf ihre Produkte stolz und nähern sich wissenschaftlich-spielerisch den Dingen. Dies können Sie unter anderem mithilfe der hier vorgestellten Rezepte fördern.

Die Bildungsbereiche und ihre pädagogische Intention

In den Bildungsvereinbarungen der einzelnen Bundesländer werden unterschiedliche **Bildungsbereiche** benannt wie z. B. Motorik, sozial-emotionaler Bereich, Sprache, naturwissenschaftlich-technische Bildung etc. Das pädagogische Personal wird dazu angehalten, die Kinder in diesen Bereichen zu unterstützen und zu fördern.

Mit den Rezepten in diesem Buch lässt sich spielerisch fast jeder Bildungsbereich aus den Bildungsvereinbarungen abdecken und das Herstellen der Rezepte macht nicht nur den Kindern, sondern auch den Erwachsenen viel Spaß! Und nur, wenn die Kinder mit **Spaß, Freude, Motivation** und **Interesse** an die Dinge herangehen, sind sie besonders nachhaltig und bleiben ihnen gut im Gedächtnis.

Alleine der Herstellungsprozess der Rezepte bietet eine Grundlage für verschiedene Formen der **Kommunikation** und der Förderung der **Sprache**: Wer stellt welchen Teil des Rezeptes her, was beobachte ich bei der Herstellung des Rezeptes? Wie heißen die Zutaten? All dies muss sprachlich formuliert werden.
Kognition ist gefragt beim Lesen der Bilderrezepte. Die Bilder müssen mit der entsprechenden Zutat in Verbindung gebracht werden, aber auch beim Zusammensuchen der Utensilien werden verschiedene kognitive Aufgaben gelöst: Wo befindet sich was in der Küche? Wie

stelle ich es hin, damit ich es bei der Zubereitung gleich finde und gut erreiche? Wie soll der Ablauf des Herstellungsprozesses aussehen? Rühre ich erst alle Zutaten in einer großen Schüssel zusammen oder teile ich die Zutaten auf mehrere kleinere Schüsseln auf? Wo kommen die Zutaten her, produziert sie der Mensch, die Pflanze, das Tier? Die Rezepte müssen verstanden, Arbeitsschritte erlernt, Zutaten abgewogen, abgemessen, abgezählt werden. Zutaten können variiert und Rezepte verändert werden, was eine enorme Denkleistung voraussetzt. Die Kinder lernen die Zusammenhänge verstehen, beobachten physikalische Eigenschaften von Flüssigkeiten und erlernen den richtigen Umgang mit den jeweiligen Zutaten, Materialien und Geräten.

Viel **Motorik** und Geschick verlangt das Kneten oder Verrühren der Zutaten mit den Händen aber auch das Hantieren mit Hilfsmitteln wie Bechern, Löffeln, Messern etc. Der richtige Umgang mit Küchenutensilien und anderen Materialien setzt Koordination und Feinmotorik voraus.
Besonders, wenn in einer Gruppe „gearbeitet" wird, ist das **Sozialverhalten** sehr wichtig. Es müssen Absprachen getroffen und Kompromisse gefunden werden, Empathie muss vorhanden sein. Ein Erfolgserlebnis schweißt die Gruppe zusammen und lässt gemeinsame Erfahrungen entstehen. Ein Aha-Erlebnis für die Kinder und die Erwachsenen!
Es wird gemeinsam etwas produziert, ausprobiert, hergestellt und verschenkt. Der Spaß am gemeinsamen Tun steht ebenso im Mittelpunkt. Der sorgsame und pflegliche Umgang mit Zutaten und Materialien wird erlernt. Beim gemeinsamen Arbeiten in Gruppen entstehen gelegentlich auch Konflikte, die erkannt, besprochen und gelöst werden müssen.

Fast alle Sinne werden durch die Zubereitung der Rezepte angesprochen. Es ist eine tolle **Wahrnehmungserfahrung**, die Zutaten, fertigen Teige und Elixiere auf der Haut zu **spüren**, zu ertasten, zu kneten oder durch die Hände rinnen zu lassen.
Verschiedene **Gerüche** entwickeln sich, sei es im Urzustand der Zutaten oder auch beim Vermischen, Erhitzen und Kochen.
Jede Zutat **sieht** anders aus und hat eine eigene Beschaffenheit. Oft verändern sich auch Zutaten, wenn sie vermischt, erhitzt oder gekocht werden. Viele Eindrücke, die das Auge aufnehmen und das Gehirn verarbeiten muss.

Geräusche sind in einer Küche allgegenwärtig. Das Klappern der Schüsseln, das Schütten und Gießen von Flüssigkeiten und festeren Bestandteilen, das Brodeln des kochenden Wassers auf dem Herd oder – auch das kann durchaus mal vorkommen – das Zerbrechen eines Gefäßes. Unterschiedliche Materialien kommen miteinander in Kontakt und erzeugen unterschiedliche Klänge und Geräusche – gar nicht so einfach, das alles aufzunehmen und zu sortieren!
Bemerkenswert, wie viele Bildungsbereiche in einem „Rezept" wiederzufinden sind. Wie so oft in der Arbeit mit Kindern und für Kinder muss das „Gesamte" betrachtet werden. Die Bildungsbereiche hängen alle zusammen und sind voneinander abhängig. So sollten wir auch die Kinder als „Gesamtkunstwerk" sehen und uns freuen, mit ihnen diese Erfahrungen aus dem Buch zu machen, die Kinder dabei zu beobachten und die Ergebnisse bestaunen zu dürfen.

Bilderrezepte

Die in diesem Buch vorgestellten Rezepte sind, wie bereits erwähnt, durch Bilder verdeutlicht. So können die Kinder die Rezepte weitgehend selber „lesen" und werden zum Selbsttun angeregt. Die Bilder wirken motivierend und sehr anschaulich. Sollte die Leitung jedoch nur das Endprodukt eines Rezeptes benötigen, wie die Kreide oder die Knete, kann sie selbstverständlich nur den erklärenden Text ohne die Bilder nutzen.

Mit den Kindern sollten vorher, je nach Erfahrung mit diesen Bilderrezepten, die einzelnen Bilder des Rezeptes besprochen werden. So ist es für die Kinder einfacher, die Bilder einer entsprechenden Zutat zuzuordnen. Die Bilder aus den Rezepten sollten dazu kopiert und gegebenenfalls laminiert oder in eine Schutzhülle gelegt werden, denn ganz ohne Spritzer geht es in einer Küche fast nie zu. Im Anhang des Buches sind die Bilder aller Zutaten, alphabetisch sortiert und vergrößert dargestellt, nochmals abgedruckt. Diese können kopiert, und z.B. als „Memorykarten" oder Anschauungsmaterial für die Kinder genutzt werden.

Maßeinheiten verstehen, Zutaten abmessen

Da in den Rezepten dieses Buches **Messinstrumente** wie Becher, Löffel etc. genutzt werden, kann es teilweise zu **leichten Konsistenzvariationen der Produkte** kommen. Diese sind aber selten und leicht auszugleichen, indem etwas Flüssigkeit, wie z.B. Wasser, nachgegossen oder eine trockene Zutat, wie z.B. das Mehl, untergerührt wird. Die Rezepte sind aber so ausgelegt, dass sie keine Genauigkeit bis auf das letzte Gramm erfordern. Sollten doch mal sehr

genaue Maßeinheiten von Nöten sein, wird dies direkt im Rezept unter „Hinweise" erwähnt.
Um den Kindern das Abmessen der Zutaten noch weiter zu erleichtern, können auf den Messbechern mit Klebeband **Markierungen** bei bestimmten Gramm- oder Milliliter-Zahlen gesetzt werden. Die Kinder können dann z. B. das Wasser bis zur roten Markierung in den Messbecher gießen und das Öl bis zur blauen Markierung.
Auch mit Waagen können Kinder unter Anleitung schon arbeiten. Bei einer **Balkenwaage** können die Kinder die Waage ins Gleichgewicht bringen, wenn die „Leitung" eine Seite des Gewichtes vorgibt.
Auch **digitale Waagen** können Kinder, mit Vorkenntnissen der Zahlen und mit Unterstützung der Leitung, schon verwenden. So werden Kinder spielerisch an die Welt der Zahlen und Maßeinheiten herangeführt.
Natürlich kann die Leitung auch vorher die exakten Zutatenmengen abmessen und auf mehrere kleine Schüsseln verteilen. Die Kinder fügen dann anhand des Rezeptes nur noch den Inhalt der Schüsseln zusammen.
Statt eine Tasse mehrmals zu verwenden, kann die Zutat, wie z.B. das Mehl, in viele Tassen verteilt werden, so ist jedes Kind in einer größeren Gruppe an der Herstellung beteiligt, indem es eine Tasse Mehl unterrührt.

Hinweise zur Herstellung und zum Umgang mit den Rezepten

Die Herstellung mancher Produkte ist nur mithilfe Erwachsener oder mit Kindern zu bewerkstelligen, die den entsprechenden Entwicklungsstand für die Umsetzung des Rezeptes haben (Umgang mit heißen Flüssigkeiten, verschluckbare Kleinteile etc.). Die „Leitung" steht hier unterstützend zur Seite oder übernimmt diese Aufgaben für die Kinder, wenn sie noch nicht ihrem Entwicklungsstand entsprechen.

Wenn in der Küche und im Labor gearbeitet wird, sind bestimmte Vorsichtsmaßnahmen zu treffen. Je nachdem, welchen Entwicklungsstand und welches Alter die Kinder haben, sollten sie auf Gefahren in der Küche aufmerksam gemacht werden. Dazu gehören natürlich die Vorsicht vor scharfkantigen Gegenständen wie z. B. Messern, Reiben, Hobeln etc., aber auch der Umgang mit Geräten wie der Mikrowelle oder dem Herd. Die Kinder sollten im Umgang mit diesen Geräten vertraut sein oder langsam an die Nutzung herangeführt werden.

Beim Herstellen der Produkte am besten Schürzen oder alte Kleidung tragen. Eventuell muss auch die Arbeitsfläche abgedeckt werden, um Flecken zu vermeiden. Aus dem gleichen Grund sollten bevorzugt alte, leicht zu reinigende Schüsseln oder Töpfe aus Metall, Glas oder Keramik verwendet werden.

Die Rezepte aus diesem Buch sind nicht zum Essen gedacht. Auch wenn das Probieren der Rezepte in gewissen Mengen meist völlig ungefährlich wäre, sollte den Kindern doch klar sein, dass es Dinge gibt, die sich zum Essen eignen und Dinge, die sich nicht dazu eignen. Jedes Produkt hat seine Aufgabe und wird für diesen Zweck verwendet: Kleber zum Kleben, Farbe zum Malen, Modelliermasse zum Modellieren usw.

Über die Arbeitsmaterialien eines Laboranten sollten die Kinder ebenfalls aufgeklärt werden. Brauche ich eine Schürze, eine Kopfbedeckung, eine Schutzbrille oder Handschuhe? Was sind Messbecher oder Waagen? Müssen bestimmte Schutzbestimmungen eingehalten oder Hygienevorschriften beachtet werden, wie z. B. das Tragen von Handschuhen oder das Händewaschen? Hier bietet es sich an, vorher mit den Kindern den Aufgabenbereich dieser Berufsgruppen zu besprechen und die Materialien kennenzulernen. Vielleicht können sie die Schürze oder die Kopfbedeckung auch selbst fertigen?

Bei allen Rezepten in diesem Buch ist darauf zu achten, dass die Kinder keine Allergien oder Unverträglichkeiten gegenüber den Zutaten besitzen. Die Zutatenliste und die Machart sind bekannt, deshalb lässt sich die Verträglichkeit schnell herausfinden. Gegebenenfalls lassen sich auch Zutaten austauschen.

Die hier vorgestellten Rezepte sind oft kostengünstiger als das fertige Endprodukt aus dem Supermarktregal. Zudem ist die Fülle an Erfahrungen, die Kinder und Bezugsperson beim Herstellen machen, gänzlich unbezahlbar!

Aufbau der Rezepte

Die Rezepte beinhalten Angaben wie Zeit, Menge, Material, Zutaten, Hinweise und Praxistipps.

Unter „**Zeit**" steht, wie lange voraussichtlich die Herstellung des jeweiligen Produktes dauert. Zusätzlich kann noch die Zeit dazukommen, die das Produkt braucht, um abzukühlen, um sich zu setzen, zu trocknen oder zu ziehen. Dies findet sich jeweils hinter der Zeitangabe.

Unter „**Menge**" ist das Gewicht bzw. die Menge des entstehenden Endproduktes wie der Knete, der Modelliermasse etc. genannt. Diese kann durch die groben „Becherrezepte" jedoch etwas variieren.

Unter „**Material**" ist aufgelistet, was zur Herstellung des Rezeptes benötigt wird, wie z.B. Schüsseln, Löffel, Siebe etc.

Unter „**Zutaten**" sind die schriftliche Zutatenauflistung und Bilder der benötigten Zutaten zu finden. Dem Nutzer ist freigestellt, ob er nur die Bilder oder/und den erklärenden Text für die Zubereitung der Rezepte verwenden möchte.

Unter „**Hinweise**" finden sich allgemeine Informationen zur Rezeptherstellung und zu den Zutaten.

Unter „**Praxistipps**" sind Vorschläge und Ideen für die Praxis aufgelistet, z.B., wie das entstandene Produkt verwendet oder eventuell mit anderen Materialien oder Rezepten kombiniert werden kann.

Verwendung von Lebensmitteln als Spielmaterial

Oft wird rege über die Verwendung von Lebensmitteln als „Spielmaterial" für die Kinder diskutiert. Das Team bzw. die „Leitung" muss hier ihren eigenen Weg finden, Absprachen treffen und die Vor- und Nachteile deutlich gegeneinander abwägen. Die hier vorgestellten Rezepte sind eine Möglichkeit, Kindern ihre Umwelt näher zu bringen und den Umgang mit den Dingen zu erlernen. Der Schwerpunkt sollte wie immer auf den Erfahrungen mit den „natürlichen" Materialien liegen, z.B. das Matschen mit Lehm oder das Modellieren mit Ton.
Die Industrie greift häufig auf die in diesen Rezepten genannten Zutaten zurück, um ihre Produkte herzustellen. Knete aus dem Spielzeugregal enthält z.B. Weizen, Kleber enthält Casein (Eiweißanteil in der Milch). Früher wurden nur Produkte, die in der Natur vorhanden waren, für die Gewinnung verschiedener Substanzen genutzt, wie z.B. die Rinde von Birken oder Tierknochen für Leime. Deshalb ist dieses Buch auch eine kleine Rückbesinnung auf die „guten, alten, bewährten" Rezepturen.

Farben

Die wichtigsten Bestandteile einer Farbe sind der Trägerstoff, wie z.B. der Kleister oder der Quark und die Farbpigmente selbst, z.B. Lebensmittelfarbe, Ostereierfärbetabletten oder Naturfarben. In diesem Kapitel werden viele verschiedene Farben aus unterschiedlichsten Naturprodukten und deren Verwendung vorgestellt, z.B. für Finger- und Fenstermalfarbe oder Schminke. Die hier beschriebenen Farben sind nicht wasserfest und müssen, wenn gewünscht, mit Lack o.Ä. fixiert werden.

Farbe aus verschiedenen Erden

Mutter Natur bietet uns Farben im Überfluss an.

Zeit: 30 Min.
Menge: ca. 1 l Farbe
Material: Steine, Mörser und Stößel, Reibe, Siebe, Schüssel, Becher, Teelöffel, Schneebesen, Gläser mit Schraubverschluss

Die getrockneten Erden mit den Händen, Steinen, Mörsern, Reiben oder Sieben zerkleinern und zerreiben.
Wasser und Tapetenkleisterpulver mithilfe des Schneebesens in der Schüssel mischen, ca. 10 Min. quellen lassen.
Die Kleistermasse auf die Gläser verteilen.
Jeder Erde ein Glas zuordnen und in die Kleistermasse einrühren. Die Farbe ist sofort gebrauchsfertig.

Zutaten

- ✔ verschiedenfarbige getrocknete Erden wie z. B. Lehm, Mutterboden (Wald, Wiesen, Felder), Ton (Hobbyfachhandel oder Internetshop siehe Anhang (➔ S. 107)
- ✔ 600 ml Wasser
- ✔ 15 g Tapetenkleisterpulver

2 ×

4 ×

Hinweise:

- Die verschiedenen Erden können bei einem Spaziergang mit den Kindern gesammelt werden.
- Je unterschiedlicher die Farben der Erden sind, desto variantenreicher sind die daraus hergestellten Farben. Deshalb sollte die Leitung auch weißen Ton oder gelben Lehm in die Sammlung mit aufnehmen.
- Für flüssigere Erdfarbe (für das Verstreichen mit einem Pinsel) sollte der Kleisteranteil höher sein. Für festere Farbe (für das Verstreichen mit den Händen) sollte der Erdanteil höher sein.
- Je mehr Erde eingerührt wird, desto intensiver ist die entstehende Farbe.
- Die Farbe am besten auf festem Papier oder Karton verwenden. Der Wasseranteil in der Farbe ist hoch und bildet auf dünnem Malpapier Wellen.
- Die Farbe ist mehrere Wochen gebrauchsfähig.

Praxistipp:

- Dieses Rezept eignet sich gut zur Integration in Projekte, z.B. zu den Themen „ Elemente“, „Farben“, „Wald und Wiese“. Die Kinder könnten unterschiedliche Plakate mit der Erdfarbe gestalten und mit Fotos dokumentieren, wo und wie sie die Erde gesammelt haben.

Zutaten

- ✔ 150 g Quark
- ✔ 60 ml Wasser
- ✔ 5 ml Speiseöl
- ✔ 10 ml Lebensmittelfarbe

1 ×  

6 ×  

1 ×  

Quarkfarbe

Sie fühlt sich angenehm an und lässt sich auch „gerissen" gut verwenden.

Zeit: 10 Min.
Menge: ca. 200 ml Farbe
Material: Tasse, Esslöffel, Teelöffel, Schüssel, Schneebesen

Alle Zutaten nach und nach in die Schüssel geben und mit dem Schneebesen verrühren. Die Farbe ist sofort gebrauchsfertig.

Hinweise:

- Anstelle der Lebensmittelfarbe Naturfarben wie z.B. das Gewürz Kurkuma oder Rote-Bete-Saft (➔ S. 107) zum Färben verwenden.
- Die Lebensmittelfarbe durch Farbpigmente ersetzen, diese sind farbintensiver und decken meist besser. Farbpigmente sind in Internetshops oder im Hobbyfachandel erhältlich (➔ S. 107).
- Dünn aufgetragene Quarkfarbe hat nach dem Trocknen ein nicht glänzendes, leicht milchig weißes Aussehen.
- Da die Farbe zum größten Teil aus Wasser besteht, kann Malpapier durchweichen oder sich wellen. Deshalb zum Malen am besten festeres Papier verwenden.
- Die Quarkfarbe sollte in den nächsten Tagen verbraucht werden.

Praxistipps:

- Wird die Farbe zu dick oder in mehreren Schichten aufgetragen, deckt sie besser, bekommt aber leicht Risse. Das kann natürlich auch ein gewollter Effekt sein, denn Hautstrukturen wie von Schildkröte, Krokodil oder Echse lassen sich gut durch diese dick aufgetragene Farbe darstellen.
- Die Farbe ist cremig und fühlt sich angenehm auf der Haut an, deshalb kann sie auch zur Körperbemalung eingesetzt werden.
- Die Quarkfarbe lässt sich auch auf Pappe oder Holz verwenden.

Fruchtgummi-Fenstermalfarbe

Bevorzugte Eigenschaften: Klebt stark, leuchtet und hält!

Zeit: 20 Min.
Menge: ca. 100 ml Farbe
Material: Messer, Esslöffel, Tasse, Kochtopf, Schraubverschlussglas, evtl. Babyflaschenwärmer

Die Farbpigmente und das Fruchtgummi mit dem Wasser in den Kochtopf geben und bei geringer Hitze unter Rühren auflösen.
Hat sich die Masse verflüssigt, diese in ein Schraubverschlussglas umfüllen oder direkt aus dem Topf verwenden.

Hinweise:

- Die Farbe wird schnell hart und kann deshalb nur großflächig aufgetragen werden. Dieser Vorgang kann herausgezögert werden, indem die Farbe in einem warmen Wasserbad oder z. B. in einem Babyflaschenwärmer bereitgestellt wird. Auch die Wärme einer Heizung reicht aus, um die Farbe länger flüssig zu halten.
- Die Farbe leuchtet sehr schön, wenn die Sonne durch die Fenster scheint.
- Die Farbe sollte in 2–3 Tagen verbraucht werden.
- Zum Entfernen der Farbe einen Schwamm in heißes Wasser tauchen, die Farbe anfeuchten und mit einem Küchenspachtel abziehen.

Praxistipp:

- In die großflächig aufgetragene Farbe können mit einem Holzstäbchen Muster oder Figuren geritzt werden. Hier eignen sich einfache geometrische Figuren wie z. B. ein Kreis, ein Dreieck oder ein Rechteck.

Zutaten

- ✔ 30 ml Wasser
- ✔ 100 g Fruchtgummi (z. B. Gummibärchen)
- ✔ 1 Messerspitze Farbpigmente (Hobbyfachhandel oder Internetshop, → S. 107)

3 ×

1 ×

1 ×
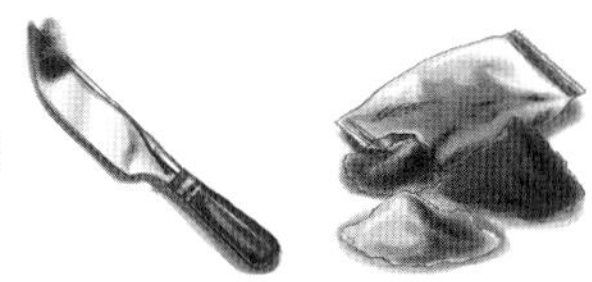

Zutaten

- ✔ Straßenmalkreide in verschiedenen Farben (Menge nach gewünschter Farbintensität)
- ✔ 25 g Kernseifenspäne
- ✔ 900 ml Wasser
- ✔ 30 g Kartoffelstärke

1 ×

3 ×

5 ×

Seifen-Kreide-Farbe

Zeichnet sich durch hervorragende Matscheigenschaften und eine raue Oberfläche aus.

Zeit: 30 Min. + Abkühlzeit
Menge: ca. 1 l Farbe
Material: Steine, Mörser und Stößel, Reibe, Tasse, Kochtopf, Messbecher, Esslöffel, Schneebesen, Gläser mit Schraubverschluss, evtl. Sparschäler, evtl. Wachstischtuch oder Folie

Die Straßenmalkreide farbig sortiert mithilfe von Steinen sowie Mörser mit Stößel zerkleinern, bis sie zu Kreidestaub zerrieben ist.
Mit der Reibe die geraspelte Kernseife herstellen.
Das Wasser in den Kochtopf geben und die Kartoffelstärke mit dem Schneebesen nach und nach unterrühren.
Die geraspelte Seife ebenfalls untermischen.
Das Gemisch bei mittlerer Hitze unter ständigem Rühren zum Kochen bringen.
Sobald die Masse eindickt, den Topf von der Herdplatte nehmen.
Die Masse auf die einzelnen Schraubverschlussgläser verteilen und in den Gläsern mit Kreidestaub je einer Farbe mischen.
Nach dem Erkalten ist die Farbe sofort gebrauchsfertig.

Variante:

Kreide zu Kreidestaub zermahlen und je nach gewünschter Konsistenz mit Wasser oder Kleister mischen. Fertig!

Hinweise:

- Den Kreidestaub wegen der Staubentwicklung am besten draußen herstellen.
- Je nachdem, welche Farbintensität gewünscht ist, mehr oder weniger Kreidestaub hinzufügen.
- Sollte die entstandene Farbe eine zu dicke Konsistenz haben, diese mit Wasser verdünnen.
- Da die Farbe zum größten Teil aus Wasser besteht, kann Malpapier durchweichen oder sich wellen. Deshalb zum Malen am besten festeres Papier verwenden.

- Die Kernseife kann, statt mit der Reibe, auch mit einem Sparschäler zerkleinert werden. Die entstandenen Seifenspäne dann mit den Händen zerbröseln und unterrühren.
- Die Farbe sollte in den nächsten Tagen verbraucht werden.

Praxistipps:

- Die glitschig-seifige und leicht körnige Konsistenz der Farbe führt zu verschiedensten Wahrnehmungserfahrungen.
- Wenn kein bleibender Farbeffekt (z.B. auf Papier) gewünscht ist, sondern das Matschen im Vordergrund steht, eignet sich eine Wachstuchdecke oder Folie als Unterlage.
- Ein dicker Farbauftrag auf einer Leinwand lässt eine interessante, raue Struktur darauf entstehen.
- Wegen der dicken Konsistenz der Farbe ist ein Farbauftrag mit einem breiten, dicken Pinsel oder den Händen zu empfehlen.

Zutaten

- ✔ 30 g Gelatinepulver
- ✔ 200 ml Wasser
- ✔ 100 g Kartoffelstärke
- ✔ ca. 1400 ml Wasser

Lebensmittelfarben (Menge pro Farbton je nach gewünschter Farbintensität)

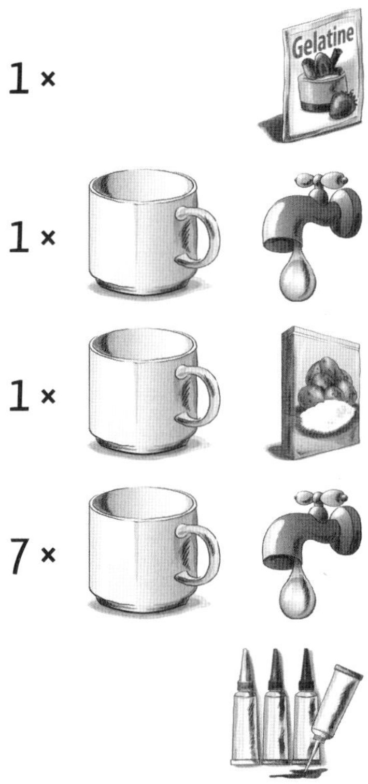

Farbiger Hexenschleim

Nicht nur für kleine Hexen, sondern auch für experimentierfreudige Kinder ein großer Spaß!

Zeit: 15 Min. + Abkühlzeit
Menge: ca. 1600 ml
Material: Tasse, Kochtopf, Esslöffel, Schneebesen, Schraubverschlussgläser

Das Gelatinepulver mit einer Tasse Wasser im Kochtopf mischen, sodass eine glatte Paste entsteht.
Die Kartoffelstärke unterrühren.
Ist alles zu einer glatten Paste verrührt, die 7 Tassen Wasser hinzugeben.
Die Masse unter ständigem Rühren mit dem Schneebesen erwärmen (Vorsicht, nicht anbrennen lassen!).
Wenn die Masse klarer wird, den Topf vom Herd nehmen.
Sollte die Masse eine zu feste Konsistenz haben, noch Wasser hinzugeben.
Die Masse auf die Schraubverschlussgläser verteilen und mit den verschiedenen Lebensmittelfarben je nach gewünschter Farbintensität einfärben.
Die Farbe ist nach dem Abkühlen sofort gebrauchsfertig.

Hinweise:

- Die Farbe eignet sich auch schon für Kleinkinder für die Sammlung von Wahrnehmungserfahrungen, z. B. zum großflächigen Malen mit den Händen.
- Die Lebensmittelfarbe kann natürlich auch durch Farbpigmente (→ S. 107) ersetzt werden.
- Die Farbe sollte in 2–3 Tagen verbraucht werden.

Praxistipps:

- Soll der Schwerpunkt dieses Angebotes auf der Wahrnehmungserfahrung liegen, ist es für die Kinder angenehm, die Farbe lauwarm zu nutzen.
- Die Farbe eignet sich auch gut als Draußenspielangebot in Verbindung mit Wasser.
- Verschiedenfarbige Hexenschleime lassen sich mischen (Farblehre).

Süß-salzige Farbe

Eine ergiebige Fingerfarbe zum Kreativ sein, auch schon für Kleinkinder.

Zeit: 15 Min.
Menge: ca. 1 l Farbe
Material: Tasse, Messbecher, Esslöffel, Teelöffel, Kochtopf, Schneebesen, Schraubverschlussgläser

Die Zutaten in einen Kochtopf geben.
Mit dem Schneebesen die Masse verrühren, bis sie klümpchenfrei ist.
Die Masse unter ständigem Rühren soweit erhitzen, bis sie eindickt.
Die warme, puddingartige Masse in die leeren Schraubverschlussgläser füllen.
In die „Puddingmasse" pro Glas einen Teelöffel Lebensmittelfarbe nach Wunsch einrühren. Die Farbe ist sofort gebrauchsfertig.

Hinweise:

- Mit der fertigen Farbe können auch schon Kleinkinder hantieren.
- Wegen des hohen Wassergehaltes der Farbe sollte festeres Papier verwendet werden.
- Die Lebensmittelfarbe kann auch durch Farbpigmente (in Internetshops oder im Hobbyfachhandel erhältlich, → S. 107) ersetzt werden, diese sind farbintensiver und decken meist besser.
- Die süß-salzige Farbe ist im Kühlschrank ca. 2 Wochen haltbar.

Praxistipps:

- Die fertige Farbe kann zur Körperbemalung verwendet werden. Dies ist vor allem an warmen Sommertagen in Verbindung mit Wasser und Badekleidung draußen mit den Kindern ein großer Spaß.
- Die Farbe kann großflächig mit den Händen oder Füßen auf Tapete, Karton oder Malpapier aufgetragen werden.
- Die Farben können gemischt aber auch zum detaillierten Malen mit den Fingern genutzt werden.

Zutaten

- ✔ 1 Liter Wasser
- ✔ 200 g Mehl
- ✔ 40 g Zucker
- ✔ 25 g Salz
- ✔ 5 ml Lebensmittelfarbe pro Farbton bzw. Schraubverschlussglas

Zutaten

- ✔ 5 ml Lebensmittelfarbe
- ✔ 200 ml Wasser

1 ×  

1 ×  

Eisfarbe

Farbe mal in einem anderen Aggregatzustand erleben

Zeit: 10 Min. + Einfrierzeit
Menge: ca. 12 Eiswürfel
Material: Tasse, Teelöffel, Schüssel, Becher, Eiswürfelgefrierbehälter, abgeschnittene Strohhalme (ein Abschnitt pro Eiswürfel)

Die Lebensmittelfarbe mit dem Wasser in der Schüssel verrühren und in einen Eiswürfelbehälter geben.
Gefriert das Wasser und wird härter, einen Strohhalmabschnitt in jeden „Eiswürfel" stecken (nach ca. 20– 30 Min. im Gefrierfach).
Die Flüssigkeit über Nacht weiter einfrieren lassen.

Hinweise:

- Die Strohhalmabschnitte dienen als Griff, um die Eiswürfel besser festhalten zu können. Anstelle von Strohhalmabschnitten können auch kleine Stöcke verwendet werden.
- Möchte man den Kindern den direkten Hautkontakt mit der Eiswürfelfarbe ermöglichen, die Abschnitte einfach weglassen.
- Zum Malen sollte festeres Papier oder Pappe verwendet werden, damit es vom Wasser nicht zu schnell aufgeweicht wird.

Praxistipps:

- Die Eisfarbe schmilzt und die unterschiedlichen Farben fließen ineinander, dies ergibt einen interessanten Mischungseffekt auf dem Papier.
- Zusätzlich können den Kindern noch Strohhalme zum Experimentieren angeboten werden. Mit den Halmen können dann die entstandenen „Farbpfützen" verpustet werden.
- Die Eiswürfel sind kalt und „gleiten" über den Malgrund. Dies lässt viel Raum, um die unterschiedlichsten Wahrnehmungserfahrungen zu machen.

Ruck-Zuck-Malfarbe

Schnell hergestellte Farbe nicht nur für Babys und Kleinkinder.

Zeit: 5 Min.
Menge: ca. 300 ml Farbe
Material: Tasse, Esslöffel, Schüssel, Schneebesen, Schraubverschlussglas

Alle Zutaten nach und nach in die Schüssel geben und mit dem Schneebesen verrühren, bis eine glatte Paste entsteht. Die Masse in ein Schraubverschlussglas einfüllen. Die Farbe ist sofort gebrauchsfertig!

Hinweis:

- Die Farbe sollte, im Kühlschrank in einem Schraubverschlussglas aufbewahrt, in den nächsten Tagen verbraucht werden.

Praxistipp:

- Die Farbe eignet sich zum Experimentieren und Wahrnehmungserfahrungen sammeln auch schon für Kinder ab einem Jahr.

Zutaten

- ✔ 120 g Mehl
- ✔ 200 ml Wasser
- ✔ 10 ml Speiseöl
- ✔ 10 ml Zitronensaft
- ✔ 10 ml Lebensmittelfarbe

Wackelpudding-Farbe

Zutaten

- ✔ 40 ml Wasser
- ✔ 200 ml weißer, lösungsmittelfreier Bastelleim
- ✔ 10 g Wackelpuddingpulver

4 ×  

1 ×  

1 ×  

Mit Wackelpudding einen Schmirgelpapiereffekt erzielen – geht das?

Zeit: 10 Min.
Menge: ca. 250 ml Farbe
Material: Tasse, Esslöffel, Schüssel, Schraubverschlussglas

Alle Zutaten in der Schüssel vermischen.
Je nach Farbe bzw. Sorte des Wackelpuddings entsteht die entsprechende dickflüssige, glänzende, raue, durchscheinende Farbe. Sie ist sofort gebrauchsfertig.

Hinweise:

- Sollte die Farbe nach dem Herstellungsprozess zu dick sein, einfach etwas Wasser unterrühren.
- Da die Farbe Wasser enthält, kann Malpapier durchweichen oder sich wellen. Deshalb zum Malen am besten festeres Papier verwenden.
- Die Farbe wird mit dem Pinsel vermalt und braucht ca. 2 Tage, bis sie vollständig getrocknet ist. Dann aber duftet sie nicht nur gut, sondern hat auch eine schöne, schmirgelpapierähnliche Oberfläche.
- Die Farbe ist in einem Schraubverschlussglas mehrere Wochen haltbar.

Praxistipps:

- Durch die entstehenden schmirgelpapierähnlichen Strukturen und Muster eignet sich mit dieser Farbe bemaltes Papier gut für eine Collage oder für Glückwunschkarten.
- Auch kleinere Kinder, die noch nicht gegenständlich malen, erzielen mit dieser Farbe schöne Effekte.
- Durch den hohen Leimanteil in der Farbe haftet kleiner Zierrat wie Perlen, Glitzer, Pailletten etc. besonders gut.

„Wet-Look"-Farbe

Die Farbe sieht nicht trocken aus, ist sie aber!

Zeit: 5 Min.
Menge: 150 ml Farbe
Material: Tasse, Löffel, Schraubverschlussglas

Den Leim und die Lebensmittelfarbe mithilfe des Löffels in einem Schraubverschlussglas vermischen.

Hinweise:

- Die Farbe wird mit dem Pinsel aufgetragen, deckt sehr gut und hat nach dem Trocknen einen sogenannten „Wet-Look" Effekt.
- Die Farbe im Schraubverschlussglas verschlossen aufbewahren. Sie ist mehrere Wochen haltbar.
- Die Farbe benötigt mindestens einen Tag, bis sie getrocknet ist.
- Die Lebensmittelfarbe kann auch durch Farbpigmente (in Internetshops oder im Hobbyfachhandel erhältlich, → S. 107) ersetzt werden, diese sind farbintensiver und decken meist besser.

Praxistipp:

- Durch den Leim hat die Farbe einen Klebeeffekt, deshalb können kleine Gegenstände wie Konfetti, Perlen, Federn o. Ä. auf die Farbe gestreut werden.

Zutaten

pro Farbton:

- ✔ 200 ml weißer, lösungsmittelfreier Bastelleim
- ✔ 10 ml Lebensmittelfarbe

1 ×

1 ×

Kleister-Farbe

Zutaten

- ✔ 400 ml Wasser
- ✔ 10 g Tapetenkleisterpulver
- ✔ 10 ml Lebensmittelfarbe

2 ×  

3 ×  

1 × 

zusätzlich für die Variante:

- ✔ 15 g Zucker
- ✔ 10 g Glitzer oder Konfetti

3 ×  

3 ×  

Verschiedene Werkzeuge können Spuren in der Farbe hinterlassen.

Zeit: 10 Min. + Abkühlzeit
Menge: ca. 200 ml Farbe
Material: Tasse, Teelöffel, Kochtopf, Schneebesen, Schraubverschlussgläser

Das Wasser mit dem Tapetenkleisterpulver und der Lebensmittelfarbe in den Topf geben.
Alle Zutaten mit dem Schneebesen verrühren und aufkochen.
Ist die Masse etwas abgekühlt, diese in das Schraubverschlussglas geben.
Die Farbe ist nach dem Erkalten gebrauchsfertig.

Variante „Konfettifarbe":

Das Wasser mit dem Tapetenkleisterpulver, dem Zucker und der Lebensmittelfarbe in den Topf geben.
Alle Zutaten mithilfe des Schneebesens verrühren und aufkochen.
Ist die Masse etwas abgekühlt, Glitzer oder Konfetti zugeben und in das Schraubverschlussglas füllen.
Die Farbe ist nach dem Erkalten gebrauchsfertig.

Hinweise:

- Die Farbe hat eine dickflüssige, durchscheinende, gelartige Konsistenz.
- Zucker verleiht der Farbe einen schönen Glanz, während Glitzer und Konfetti ein hübscher Zusatzeffekt sind.
- Da die Farbe zum größten Teil aus Wasser besteht, kann Malpapier durchweichen oder sich wellen. Deshalb zum Malen am besten festeres Papier verwenden.
- Die Lebensmittelfarbe kann auch durch Farbpigmente ersetzt werden, diese sind farbintensiver und decken meist besser. Farbpigmente sind im Hobbyfachhandel oder in Internetshops erhältlich (→ S. 107)
- Die Farbe ist in einem Schraubverschlussglas mehrere Wochen haltbar.

Praxistipps:

- Durch die dickflüssige Konsistenz lässt sich die Farbfläche gut mit Mustern verzieren. Eine noch feuchte Farbfläche, z.B. auf festen Karton aufgebracht, lässt sich mit einem Kamm, Pinsel oder Spachtel so bearbeiten, dass tolle Muster entstehen. Dieses Kunstwerk benötigt, je nach Raumtemperatur, bis zu einem Tag zum Trocknen.
- Natürlich eignet sich die Farbe auch zum Matschen und Untersuchen mit den Händen. Dies führt noch einmal zu ganz anderen Wahrnehmungserfahrungen als die Verwendung von Pinsel oder Schwamm.

Zutaten

- ✔ 100 g Mehl, 200 ml Wasser
- ✔ 150 g Salz, 5 ml Lebensmittelfarbe

Variante zur Strukturteig-Farbe

- ✔ 200 g Mehl, 3 g Tapetenkleisterpulver
- ✔ 400 ml Wasser, 300 g Salz
- ✔ 10 ml Lebensmittelfarbe

Strukturteig-Farbe

Ein Farbteig, mit dem sich reliefartige Bilder malen lassen

Zeit: 10 Min.
Menge: ca. 450 ml Farbe
Material: Schüssel, Tasse, Teelöffel, Schneebesen, evtl. leere Kleberflasche

Alle Zutaten nach und nach in die Schüssel geben und solange mit dem Schneebesen verrühren, bis die Masse klümpchenfrei ist. Fertig!

Variante

Alle Zutaten mit dem Schneebesen zu einem Farbteig verrühren. Fertig!

Hinweise:

- Da die Farbe zum größten Teil aus Wasser besteht, kann Malpapier durchweichen oder sich wellen. Deshalb zum Malen am besten festeres Papier verwenden.
- Die Lebensmittelfarbe kann auch durch Farbpigmente (in Internetshops oder im Hobbyfachhandel erhältlich, → S. 107) ersetzt werden, diese sind farbintensiver und decken meist besser.
- Sollte die Farbe zu dick sein, einfach etwas Wasser zumischen. Ist die Farbe zu dünn, Mehl dazugeben.
- Die Farbe sollte in 2–3 Tagen verbraucht werden.
- „Die Variante“ haftet besonders gut auf Holz und lässt dort reliefartige Strukturen entstehen.

Praxistipps:

- Den Farbteig in leere Kleberflaschen füllen. Mit den Flaschen ein Muster auf festes Malpapier drücken.
- Nach dem Trocknen (ca. 1–2 Tage) bekommt die Farbe einen leichten Glanz.
- Interessant ist es auch, verschiedene Farbteige herzustellen und mit diesen ein Bild zu gestalten.
- Auch mit Kamm oder Spachtel lassen sich Strukturen in die Farbe bringen.

Milchfarbe

Milch macht müde Farben munter und „verlauffreudig“.

Zeit: 5 Min.
Menge: ca. 200 ml Farbe
Material: Schraubverschlussglas, Tasse, Teelöffel

Die Kondensmilch mit der Lebensmittelfarbe in einem Schraubverschlussglas mischen.
Ist die gewünschte Farbintensität erreicht, die Farbe mit einem Pinsel auftragen.

Hinweise:

- Die Lebensmittelfarbe kann auch durch Farbpigmente ersetzt werden, diese sind farbintensiver und decken meist besser. Farbpigmente sind in Internetshops oder im Hobbyfachhandel erhältlich (➜ S. 107).
- Die Farbe glänzt und wirkt nach dem Trocknen leicht transparent.
- Die Farbe sollte im Kühlschrank aufbewahrt und in den nächsten Tagen verbraucht werden.

Praxistipps:

- Die Farbe ist relativ flüssig und lässt sich gut verwenden, um verschiedene Farbtöne ineinanderlaufen zu lassen und sie zu mischen.
- Sie lässt sich gut mit einem Strohhalm über das Papier pusten.

Zutaten

- ✔ 200 ml Kondensmilch
- ✔ 5 ml Lebensmittelfarbe

1 ×  

1 ×  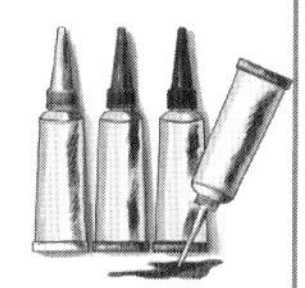

Zutaten

- ✔ Eigelb von einem kleinen Ei
- ✔ 5 g Waschpulver
- ✔ 5 ml Lebensmittelfarbe

1 ×  

1 ×  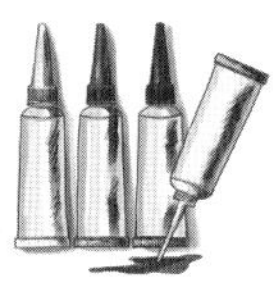

Eifarbe

Eigelb und Waschpulver sind eine eigenwillige Kombination!

Zeit: 5 Min.
Menge: 1 EL Farbe
Material: Tasse, Teelöffel

Das Eigelb mit dem Waschpulver und der Lebensmittelfarbe in der Tasse vermischen.
So lange rühren, bis die Masse klümpchenfrei ist. Fertig!

Hinweise:

- Wird die Farbe zu fest, Wasser zugeben. Ist die Farbe zu flüssig, Waschpulver dazugeben.
- Die fertige Farbe zügig verbrauchen, denn sie trocknet schnell an oder verdirbt.
- Die Lebensmittelfarbe kann auch durch Farbpigmente (in Internetshops oder im Hobbyfachhandel erhältlich, ➜ S. 107) ersetzt werden, diese sind farbintensiver und decken meist besser.
- Die Farbe wirkt aufgetragen leicht transparent und glänzt schön nach dem Trocknen.

Praxistipp:

- Die Farbe ist vielseitig einsetzbar. Sie haftet aber besonders gut auf glatten Oberflächen.

Salzfarbe

Eine Farbe, die aussieht wie Schmirgelpapier.

Zeit: 5 Min.
Menge: ca. 50 ml Farbe
Material: kleine Schüssel, Esslöffel, Messer, Spachtel

Das Salz und die Wäschestärke in einer kleinen Schüssel mischen.
Eine Messerspitze Farbpigmente hinzugeben. Die Farbe ist sofort gebrauchsfertig.

Hinweise:

- Beim Trocknen der Farbe entsteht ein „Eiseffekt“.
- Die Farbe fühlt sich nach dem Trocknen schmirgelpapierähnlich an.
- Durch den hohen Salzanteil ist die Farbe eher für den Auftrag mit den Händen oder großen Pinseln, Spachtel etc. geeignet.
- Sollte die Farbe zu dick sein, einfach noch etwas flüssige Wäschestärke dazugeben. Ist sie zu flüssig, Salz dazugeben.
- Die Farbe hält sich in einem Schraubverschlussglas mehrere Wochen.

Praxistipp:

- Die Farbe eignet sich dazu, raue, strukturartige Bilder zu malen.

Zutaten

- ✔ 30 g Salz
- ✔ 40 ml flüssige Wäschestärke
- ✔ 1 Messerspitze Farbpigmente

4 ×

4 ×

1 ×

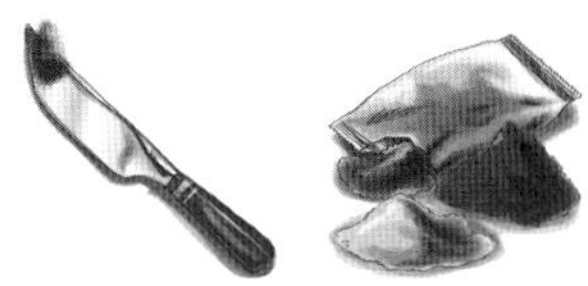

Zutaten

- ✔ 5 ml weißer Haushaltsessig
- ✔ 5 g Backpulver
- ✔ 5 g Kartoffelstärke
- ✔ 5 ml Zuckerrübensirup hell
- ✔ 1 Messerspitze Farbpigmente

1 ×

1 ×

1 ×
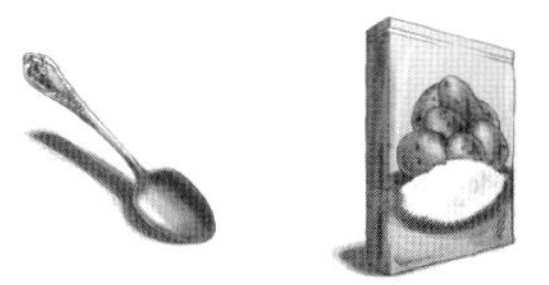

1 ×

1 ×
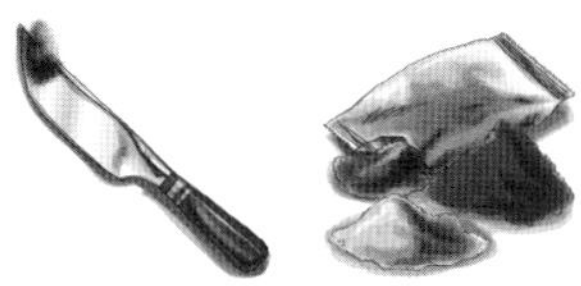

Sirupfarbe

Eine „aufbrausende“ Farbe, die viel Raum für Kreativität lässt.

Zeit: 10 Min.
Menge: 1 EL Farbe
Material: Deckel / Schraubverschluss von einem Glas, Teelöffel, Pinsel

Einen Teelöffel weißen Haushaltsessig mit einem Teelöffel Backpulver in dem Schraubverschluss mischen.
Wenn die Masse aufhört zu schäumen (kann ca. 5 Min. dauern), einen Teelöffel Kartoffelstärke und einen Teelöffel Grafschafter Sirup hell dazugeben.
Alles mit einem Löffel oder Pinsel verrühren, bis eine zähflüssige Masse entstanden ist.
Eine Messerspitze Farbpigmente untermengen. Die Farbe ist sofort gebrauchsfertig.

Hinweise:

- Wenn die Farbe eingetrocknet ist, lässt sie sich wie normale Wasserfarbe mit einem Pinsel anfeuchten und wiederverwenden.
- Die Farbe trocknet recht schnell und glitzert leicht im Sonnenlicht.

Praxistipps:

- Die Farbe wellt das Papier kaum und ist deshalb für kreative Arbeiten mit Papier gut geeignet.
- Sirupfarbe malt auch gut auf Holz. Zu bedenken ist nur, dass Holz viel Farbe zieht, wenn es unbehandelt ist.
- Der Herstellungsprozess der Sirupfarbe ist für Kinder besonders faszinierend, da es beim Mischen von Essig und Backpulver zur Schaumbildung kommt.
- Die Farbe lässt sich auch gut auf Architektenpapier auftragen und so z.B. zur Herstellung von Laternen verwenden.

Körpermalfarbe

Die Farbe eignet sich zum Bodypainting mit anschließendem Planschbeckenbesuch.

Zeit: 5 Min.
Menge: 2 EL Körpermalfarbe
Material: Esslöffel, Tasse

Alle Zutaten in der Tasse miteinander mischen, bis die Masse glatt und klümpchenfrei ist. Die Farbe ist sofort gebrauchsfertig.

Hinweise:

- Anstelle der Lebensmittelfarbe können auch Farbpigmente verwendet werden. Diese sollten dann für den Kontakt mit der Haut geeignet sein wie z. B. auf ➜ S. 107 angegeben.
- Die Farbe in einem Schraubverschlussglas aufbewahren. Sie sollte in 2–3 Tagen verbraucht werden.
- Die Körpermalfarbe trocknet durch den Cremeanteil nicht so schnell aus.
- Die Körpermalfarbe lässt sich mit einem feuchten Waschlappen wieder entfernen.

Praxistipp:

- Bei schönem Wetter bietet sich Bodypainting draußen in Verbindung mit Wasser oder anschließendem Planschbeckenbesuch an.

Zutaten

- ✔ 20 g Babypuder
- ✔ 15 g Hautcreme
- ✔ 1 Spritzer Lebensmittelfarbe nach Wahl

2 ×

1 ×

1 ×

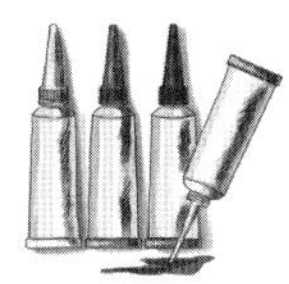

Naturfarben

Zutaten

- ✔ 400 ml Wasser
- ✔ 20 g Zwiebelschalen

2 × 

2 × 

Das gekochte Zwiebel-Gelb

Aus Zwiebelschalen Gelbtöne gewinnen

Zeit: 20 Min.
Menge: 50 ml Farbe
Material: Tasse, Kochtopf, Küchensieb, Esslöffel, Schüssel, Schraubverschlussglas, evtl. helles Leinen- oder Küchentuch

Die Zwiebelschalen und das Wasser in einen Topf geben.
Das Gemisch bei niedriger Temperatur ca. 15 Min. köcheln lassen.
Das Küchensieb über die Schüssel legen und den Zwiebelschalensud hineinschütten.
Mit einem Esslöffel die Zwiebelschalen noch ein wenig pressen, sodass auch der letzte gelbe Saft in die Schüssel tropft.

Hinweise:

- Der Farbton der Zwiebelfarbe variiert je nach Zwiebelsorte etwas.
- Gelbtöne lassen sich auch herstellen, indem Möhrenkraut, Kamillenblüten, (Kamillenblütentee), Tagetesblüten, Löwenzahnblätter oder Birkenblätter gekocht und der Sud durch ein Küchensieb gegossen wird.
- Traditionell werden zu Ostern vielerorts Eier im Zwiebelschalensud gekocht, um sie gelb zu färben.
- Die Farbe lässt sich auch durch Säuren und Basen (→ S. 107) verändern bzw. intensivieren. Dieser interessante Effekt sollte ausprobiert werden, da besonders helle Farben nicht sehr intensiv sind und mit dieser Methode kräftiger werden.

Allgemeine Hinweise zu „Naturfarben“

- Pflanzenfarben im Kühlschrank aufbewahren, da sie sonst verderben. Innerhalb weniger Tage verbrauchen.
- Pflanzenfarben lassen sich auch einfrieren und somit später wiederverwenden.
- Pflanzenfarben können sich nach dem Trocknen in der Art und Intensität leicht verändern.
- Je mehr der Pflanzensud beim Kochen reduziert wird, desto intensiver wird die hergestellte Farbe.
- Um die Hände und die Kleidung vor den färbenden Pflanzensäften zu schützen, sollten Handschuhe und ein Malkittel getragen werden.
- Beim Umgang mit Pflanzenfarben sollten möglichst Metall-, Glas- oder Keramikschüsseln verwendet werden, da diese leichter zu reinigen sind.
- Um die Farben etwas anzudicken, kann, je nach gewünschter Konsistenz, noch Mehl oder Kleister hinzugefügt werden.

- **Praxistipps** → S. 38 f.

Das zerriebene Möhren-Orange

Aus zerriebenen Möhren orangene Farbtöne gewinnen

Zeit: 20 Min.
Menge: 3 EL Farbe
Material: Gemüsereibe, Schüsseln, Esslöffel, Küchensieb, Schraubverschlussglas

Die Möhren mit der Reibe in einer Schüssel zerreiben und mit zwei Esslöffeln Wasser mischen.
Den entstandenen „Möhrenbrei“ mithilfe des Löffels durch das Küchensieb pressen.
Den austretenden Saft in einer Schüssel auffangen.
Die „Möhrenfarbe“ in ein Schraubverschlussglas geben.

Zutaten

- ✔ 2 Möhren
- ✔ 20 ml Wasser

2 ×

2 ×

Hinweis:

- Gewürze wie Curry oder Kurkuma, je nach gewünschter Konsistenz mit Wasser gemischt, ergeben ebenfalls schöne Orange-Gelb-Töne.

Zutaten

- ✔ 1–1,5 kg Rotkohl
- ✔ 1 Liter Wasser

1 ×

1 ×

Das gekochte Rotkohl-Rot

Aus Rotkohl rote Farbtöne gewinnen

Zeit: 60 Min.
Menge: ca. 750 ml Rotkohlsaft
Material: Messer, Messbecher, Kochtopf, Löffel, Küchensieb, Schüssel, Schraubverschlussgläser

Den Rotkohl mit dem Messer zerkleinern und zusammen mit dem Wasser in den Topf geben.
Das Ganze mit geschlossenem Deckel ca. 30–45 Min. kochen lassen.
Den Sud durch das Sieb in die Schüssel schütten.
Mit dem Löffel den Rotkohl noch etwas auspressen, um auch die restliche austretende Flüssigkeit in der Schüssel aufzufangen.
Den Rotkohlsaft auf die bereitstehenden Schraubverschlussgläser aufteilen.
Nach dem Abkühlen ist die Farbe gebrauchsfertig.

Hinweise:

- Der Saft wirkt violett, kann aber leicht seine Farbe ändern (Praxistipps „Naturfarben" ➜ S. 38 f.)
- Rotkohlsaft reagiert stark auf Säuren und Basen und verändert dabei seine Farbe von Lila zu Rot und Blau bis Grün (Praxistipps „Naturfarben" ➜ S. 38 f.). Der Effekt ist besonders eindrucksvoll.
- Righttöne lassen sich auch durch Kochen zerkleinerter Geranienblüten oder Hagebutten (Hagebuttentee) herstellen.

Das zerriebene Rote-Bete-Rot

Zutaten

✔ 1 Rote Bete
✔ 30 ml Wasser

1 × 

3 ×  

Rottöne aus Rote-Bete-Saft gewinnen

Zeit: 15 Min.
Menge: 100 ml Farbe
Material: Schüssel, Küchenreibe, helles Leinentuch, Esslöffel, Schraubverschlussglas, evtl. Einmalhandschuhe

Die Rote Bete mithilfe der Reibe in einer Schüssel fein zerreiben.
Die zerkleinerte Rote Bete in das Leinentuch geben.
3 Esslöffel Wasser dazugießen und das Ganze über der Schüssel auspressen. Die Schüssel füllt sich mit roter Farbe.
Die Farbe in ein Schraubverschlussglas geben.

Hinweise:

- Rottöne lassen sich auch herstellen, indem rote Johannisbeeren, rote Kirschen oder mit etwas Wasser vermischte, pürierte, rote Paprika verwendet werden.
- Malventee mit etwas heißem Wasser durch ein Küchentuch gegossen, eignet sich ebenfalls zur Herstellung von roter Farbe.

Zutaten

- ✔ 300 g Holunderbeeren
- ✔ 200 ml Wasser

5 ×

1 ×

Das gekochte Holunderbeeren-Blau

Aus Holunderbeeren blau oder violette Farbtöne gewinnen

Zeit: 20 Min.
Menge: ca. 300 ml Farbe
Material: Kochtopf, Tasse, Kartoffelstampfer, helles Leinen- oder Küchentuch, Schüssel

Die Holunderbeeren und das Wasser in einen Kochtopf geben und das Gemisch ca. 10 Min. aufkochen lassen. Zwischendurch das Gemisch immer wieder mit dem Kartoffelstampfer umrühren und dabei die Beeren zerdrücken. Die Masse durch ein Leinen- oder Küchentuch seihen und die austretende Flüssigkeit in einer Schüssel auffangen.

Hinweis:

- Die Pflanzenfarbe sollte im Kühlschrank aufbewahrt und in den nächsten Tagen verbraucht werden, da sie sonst verdirbt.

Zutaten

- ✔ 50 g Brombeeren
- ✔ 10 ml Wasser

1 ×

1 ×

Das gepresste Brombeeren-Blau

Blau-violette Farbtöne aus gepressten Brombeeren gewinnen

Zeit: 10 Min.
Menge: ca. 40 ml Farbe
Material: Tasse, Esslöffel, Schüssel, Gabel, Metallsieb

Die Brombeeren in die Schüssel legen und einen Esslöffel Wasser darübergeben.
Die Brombeeren mit der Gabel zerquetschen.
Das Ganze in ein Metallsieb geben und mit dem Löffel noch einmal zerdrücken, sodass auch der letzte Farbsaft in die darunterstehende Schüssel tropft. Die Brombeerfarbe ist sofort gebrauchsfertig.

Hinweis:

- Die Pflanzenfarbe sollte im Kühlschrank aufbewahrt und in den nächsten Tagen verbraucht werden, da sie sonst verdirbt.

Das gekochte Brennnesselblätter-Grün

Aus Brennnesselblättern grüne Farbe gewinnen

Zeit: 30 Min.
Menge: ca. 100 ml Farbe
Material: Gummihandschuhe, Messer, Becher, Kochtopf, Küchensieb, Esslöffel, Schüssel

Zutaten

- ✔ 100 g Brennnesseln
- ✔ 600 ml Wasser

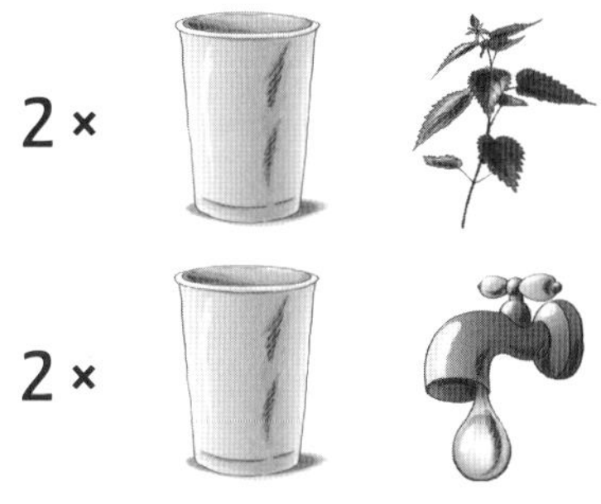

Die mit dem Messer zerkleinerten Brennnesselblätter und Stängel zusammen mit dem Wasser in den Kochtopf geben. Unter Rühren ca. 30 Min. kochen.
Das Küchensieb über die Schüssel legen und den Brennnesselsud hineinschütten.
Mit dem Esslöffel die Brennnessel pressen, sodass auch der letzte grün-gelbe Saft in die Schüssel tropft.

Hinweise:

- Die Brennnessel unbedingt mit Gummihandschuhen pflücken und verarbeiten!
- Für einen grünen Farbton können auch Pflanzensäfte gemischt werden, wie z.B. von der Tagetes oder den Brombeeren (➔ S. 34).
- Grüntöne lassen sich auch aus Salbeitee oder aus den Blättern von Brombeeren und Himbeeren, die zerkleinert und gekocht werden, herstellen.

Zutaten

- ✔ 20 g Spinatblätter
- ✔ 5 ml Wasser

20 × 

1 ×  

Das zerriebene Spinatblatt-Grün

Aus Spinatblättern grüne Farbe gewinnen

Zeit: 10 Min.
Menge: 1 EL Farbe
Material: Mörser und Stößel, Teesieb, Teelöffel, evtl. Leinen- oder Küchentuch, evtl. Schale und Kieselstein

Die Spinatblätter mithilfe des Mörsers und des Stößels zerreiben.
Den zerriebenen Spinat in das Teesieb geben und mit einem Teelöffel Wasser mischen.
Mit dem Teelöffel den Spinat noch etwas pressen, sodass auch der letzte Farbsaft aus dem Spinat tropft.

Hinweise:

- Der zerriebene Spinat kann auch durch ein Küchentuch geseiht werden.
- Anstelle eines Mörsers mit Stößel kann auch eine Schale und ein glatter Kieselstein verwendet werden.
- Auch gefrorener und wieder aufgetauter Spinat eignet sich dazu, Farbe herzustellen. Die entstehende Farbe leuchtet jedoch nicht ganz so schön wie die vom frischen Spinat.

Das gekochte Walnussbaumblätter-Braun

Aus Walnussbaumblättern braune und schwarze Farbtöne gewinnen

Zeit: 30 Min.
Menge: ca. 50 ml Farbe
Material: Messer, Becher, Kochtopf, Schüssel, Küchensieb, Esslöffel, Schraubverschlussglas, Küchen- / Leinentuch

Die Walnussblätter mit einem Messer oder mit den Händen zerkleinern.
Die Blätter mit dem Wasser in den Kochtopf geben.
Das Ganze unter Rühren ca. 30 Min. kochen.
Je nachdem, wie viel Wasser verdampft, noch etwas Wasser nachgießen, damit die Blätter nicht anbrennen.
Den entstandenen Walnussblättersud durch das Küchensieb in die Schüssel gießen. Mit dem Esslöffel die zerkochten Blätter noch etwas pressen, sodass auch der letzte Farbsaft aus ihnen tropft.
Die braune Pflanzenfarbe, die sich in der Schüssel sammelt, in einem Schraubverschlussglas aufbewahren.

Zutaten

- ✔ 1 Becher Walnussbaumblätter
- ✔ 300 ml Wasser

1 ×  

1 ×  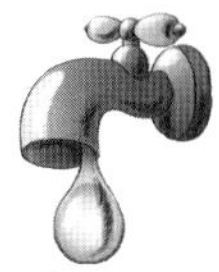

Hinweise:

- Braun-Schwarztöne lassen sich auch herstellen, indem schwarzer Tee oder Kaffeepulver mit heißem Wasser durch ein Küchen- oder Leinentuch gegossen wird.
- Die grünen, fleischigen Walnusshüllen können ebenfalls ausgekocht werden. Der Sud ergibt eine schöne dunkelbraune Farbe, die intensiver wird, wenn die Hüllen schon etwas bräunlich oder getrocknet sind.

Zutaten

- ✔ 30 g Holzkohle (z. B. Reste vom letzten Lagerfeuer)
- ✔ 20 ml Wasser

2 ×

2 ×

Das zerriebene Holzkohle-Schwarz

Aus Holzkohle schwarze Farbe gewinnen

Zeit: 15 Min.
Menge: ca. 30 ml Farbe
Material: Mörser und Stößel, Schüssel

Mit dem Mörser und dem Stößel die Holzkohle zu Staub zerreiben.
Den Kohlestaub in die Schüssel füllen und mit 2 Esslöffeln Wasser verrühren.
Die Kohlefarbe ist sofort gebrauchsfertig.

Hinweis:

- Braun-Schwarztöne können auch hergestellt werden, indem Zimt, Kakao oder schwarz-braune Erden (➜ S. 11) mit Wasser gemischt werden.

Praxistipps zu „Naturfarben"

- Im Laufe mehrerer Tage verändern sich einige der Pflanzenfarben. Zum Vergleich können mit den Kindern noch einmal frische Farben hergestellt werden.
- Mit der Unterseite einer weißen Kerze oder mit einem weißen Wachsmalstift Muster und Figuren auf dickem Malpapier gestalten. Wird das Ganze dann mit einer Pflanzenfarbe überstrichen, werden die Muster und Figuren „sichtbar".
- Baumharz beim Kochen der Pflanzenfarben mit im Topf auflösen. Durch das Harz dickt die Farbe etwas an. Nach dem Trocknen bekommt sie einen schönen Glanz und wird wischfester. Das Baumharz kann mit den Kindern gesammelt werden. Besonders Kirsch- oder Pflaumenbäume verlieren oft Harz, das als „Tränen" (Ablagerung am Stamm) zu finden ist.
- Wird Essig oder Zitronensaft (Säuren) auf die noch feuchten Bilder gespritzt, verändern sich die Pflanzenfarben – sie werden meist heller oder rötlicher. Wird Kaisernatron über die feuchten Bilder gestreut, verändern sich ebenfalls die Farben, sie werden kräftiger oder blau / grünlich.
- Natron schäumt bei der Zugabe, dies ist für Kinder ein schöner Effekt.
- Essig oder Zitronensaft erhöhen den Säuregrad der Farbe und verändern sie ebenfalls. Dies wird bei allen Pflanzenfarben, aber besonders beim Rotkohl (S. 32) deutlich. Dieses Phänomen lässt sich auch mit Mineralwasser oder mit der Atemluft darstellen. Dazu kräftig mit einem Strohhalm in den Rotkohlsaft pusten und die Farbveränderung beobachten. Hier bietet sich das Experimentieren mit dem Rotkohlsaft geradezu an (Infos im Internet, ➜ Anhang S. 107).

- Essig, Zitronensaft oder Kaisernatron können auch direkt in den Pflanzensaft gegeben werden.
- Wird Salz über die feuchten Bilder gestreut, zieht es die Feuchtigkeit an und die Farbe wird um das Salz herum heller. Die entstehenden Muster sehen wie Eiskristalle aus.
- Werden die Krümel von Hagebutten oder Malventee über die feuchten Bilder gestreut, ziehen die Krümel ebenfalls die Feuchtigkeit an und geben gleichzeitig ihren roten Farbstoff ab. Auch hier entstehen schöne Muster und Verläufe.
- Übrig gebliebenes Teebeutelpapier eignet sich auch zum Einfärben mit Pflanzensäften. Dazu die Heftklammern, mit denen die Teebeutel zusammengehalten werden, entfernen und das Papier ausbreiten (Rechteck). Diese Rechtecke können jetzt mit Pflanzenfarben eingefärbt werden. Das Papier saugt die Farbe gut auf und ist reißfest. Wenn das Papier getrocknet ist, kann man es zu einem Dreieck falten und Wimpel oder kleine Fähnchen daraus gestalten (siehe Bild).
- Auch Kaffeefilter eignen sich gut zum Färben mit Pflanzenfarben. Hier können auch Pipetten zum Einsatz kommen, mit denen die Farbe aufgetropft wird.
- Wird anstelle eines Küchensiebes ein Küchentuch zur Herstellung der Farbe genutzt, färbt sich das Tuch entsprechend ein. Die farbigen Pflanzenfarbentücher können z. B. als „Chiffontuch-Ersatz“ für verschiedene Farbspiele eingesetzt oder zerschnitten zum Gestalten für Collagen etc. genutzt werden.

Klebstoffe

Das Kleben von zwei Materialien ist eine der ältesten Techniken der Menschheit. Die in diesem Kapitel vorgestellten Klebstoffe sind meist Dispersionsklebstoffe. Hier verdunstet das Wasser als Dispersionsstoff und lässt die Klebebestandteile wie Zucker, Stärke etc. die Haftung mit einem Material eingehen. Der Nachteil ist, dass diese Klebstoffe nur begrenzt haltbar und wasserlöslich sind.

„Mein Leim"

Genau das Richtige vor allem für Kleinkinder, um die ersten Erfahrungen mit Kleber zu sammeln.

Zeit: 15 Min.
Menge: 600 ml Kleber
Material: Becher, Tasse, Teelöffel, Kochtopf, Schneebesen, Schraubverschlussglas

In einem Kochtopf alle Zutaten mit dem Schneebesen verrühren, bis eine cremige Masse entstanden ist.
Die Masse auf dem Herd erwärmen, bis sie eindickt (nicht anbrennen lassen!).
Nach dem Abkühlen ist der Leim gebrauchsfertig.

Hinweise:

- In einem Schraubverschlussglas im Kühlschrank aufbewahrt, ist der Leim mehrere Tage haltbar.
- Der Leim enthält viel Wasser und wellt somit Papier. Es sollte deshalb dickeres Malpapier oder Karton zum Kleben verwendet werden.

Praxistipp:

- Mit dem Leim lassen sich kostengünstig, ungefährlich und leicht erste Erfahrungen mit Kleber sammeln, und das bereits schon mit Kleinkindern ab einem Jahr.

Zutaten

- ✔ 100 g Mehl
- ✔ 500 ml Wasser
- ✔ 15 g Salz

1 ×

1 ×

1 ×

3 ×

Zutaten

- ✔ 250 g Magerquark
- ✔ 150 g Calciumcarbonat / kohlensaurer Kalk (Apotheke / Internetshop)

1 × 

1 × 

Quark-Kleber

Fest, fester am festesten – das ist Quark-Kleber!

Zeit: 10 Min. + Trocknungszeit
Menge: 400 g Kleber
Material: Schüssel, Tasse, Schneebesen, luftdicht verschließbares Gefäß, evtl. Sand, kleines Sandkastenförmchen und Brett

In der Schüssel mithilfe des Schneebesens den Quark mit dem Kalk verrühren und 5 Min. ziehen lassen.
Den Kleber in ein luftdicht verschließbares Gefäß füllen. Er ist sofort einsatzbereit.

Hinweise:

- Quark-Kleber klebt am besten unter Druck. Wird Holz geklebt, kann es mit Schraubzwingen fixiert werden.
- Der Kleber braucht, je nach aufgetragener Dicke, 1–3 Tage zum Trocknen.

Praxistipps:

- Der Kleber klebt poröse Materialien wie Holz, Leder, Kork etc.
- Sand in den Kleber mischen, bis er sich gut formen lässt. Die Masse in ein kleines Sandkastenförmchen geben und stürzen. Diesen Vorgang noch dreimal wiederholen. Die vier Sandformen müssen gut trocknen (kann je nach Größe mehrere Tage dauern). Die ausgehärteten Sandformen unter die Ecken eines Brettes legen. Wie viele Kinder oder Gewichte bzw. Gegenstände können die Sandgebilde aus Quarkkleber tragen, bevor sie zusammenbrechen? Brechen sie überhaupt?

Gummibärchen-Kleber

Klebt nicht nur an den Zähnen, sondern auch auf Papier!

Zeit: 30 Min.
Menge: 80 ml Kleber
Material: Esslöffel, Schälchen, Wasserbad, Schraubverschlussglas, evtl. Babyflaschenwärmer

Die Gummibärchen in das Schälchen für das Wasserbad geben und mit den 3 Esslöffeln Wasser mischen.
Im Wasserbad die Gummibärchen erwärmen (nicht kochen!), bis sie sich aufgelöst haben. Fertig ist der Kleber, der nur im warmen Zustand verwendet werden kann.

Hinweise:

- Die Farbe des Klebers lässt sich beeinflussen, wenn man die Gummibärchen farblich sortiert.
- Der Kleber sollte in 2–3 Tagen verbraucht werden.
- Er lässt sich sehr gut mit dem Pinsel verstreichen, ohne dass das Papier zu sehr wellt.
- Der Kleber kann in ein warmes Wasserbad oder z. B. in einen Babyflaschenwärmer gestellt und somit einsatzbereit gehalten werden. Auch die Wärme einer Heizung reicht aus, um ihn flüssig zu halten.

Praxistipps:

- Der Kleber trocknet schnell und die Klebekraft ist hoch.
- Er klebt besonders poröse Materialien wie z. B. Holz, Leder, Kork oder Papier.
- Auch Lebensmittel lassen sich mit ihm kleben (z. B. Schokolinsen und Kekse auf ein Lebkuchenhaus).

Zutaten

- ✔ 30 ml Wasser
- ✔ 50 g Gummibärchen oder anderer Fruchtgummi

3 ×

20 ×
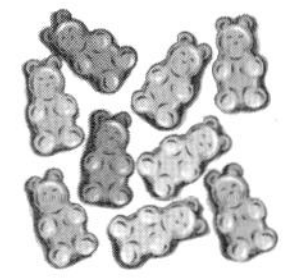

Zutaten

- ✔ 400 g Rosskastanien
- ✔ 300 ml Wasser

1 ×  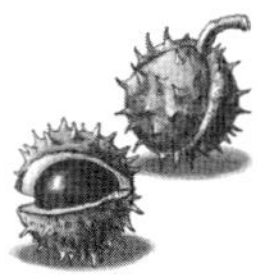

1 ×  

Kastanien-Kleber

Stachelige Außenhaut und klebriger Kern – das ist die vielseitige Kastanie!

Zeit: 45 Min. + Abkühlzeit
Menge: 500 ml Kleber
Material: Messer, Becher, Kochtopf, Pürierstab, Löffel, Schraubverschlussglas

Die Rosskastanien mithilfe des Messers von ihrer Schale befreien (dies sollte ein Erwachsener übernehmen).
Die geschälten Rosskastanien und das Wasser in den Kochtopf geben und die Masse bei geschlossenem Deckel ca. 20–30 Min. kochen lassen.
Die weiche Masse im Kochtopf mithilfe eines Pürierstabes pürieren.
Den fertigen Kleber in ein Schraubverschlussglas füllen.
Nach dem Abkühlen ist er gebrauchsfertig.

Hinweise:

- Rosskastanien enthalten „Spiritus“ und sollten deshalb offenem Feuer nicht zu nahe kommen. Die Kastanien deshalb **nicht** auf einem Gasherd oder einem Spirituskocher kochen.
- Rosskastanien sind im Gegensatz zu Esskastanien (Maronen) nicht essbar.
- Der Kleber dickt an, wenn er kälter wird. Er hat dann eine gelbliche Farbe und eine breiige Konsistenz.
- Sollte der Kleber zu dick werden, kann noch etwas Wasser hinzugefügt werden.
- Da der Kleber Wasser enthält, kann sich dünnes Papier wellen. Deshalb sollte zum Kleben festeres Papier oder Pappe verwendet werden.

Praxistipps:

- Der Kleber trocknet gelblich auf. Deshalb kann er auch als farbiger Haftgrund für Perlen, Glitzer oder anderen Zierrat verwendet werden.
- Der Kleber lässt sich auch mit Lebensmittelfarbe einfärben und bietet so verschiedenfarbige Haftuntergründe.

Kartoffel-Kleber

Die starke Kartoffelstärke klebt gut!

Zeit: 30 Min. + Abkühlzeit
Menge: 120 ml Kleber
Material: Sparschäler, Reibe, Schüssel, Esslöffel, Küchensieb aus Metall, Kochtopf, Schneebesen, evtl. Mixer, Schraubverschlussglas

Die Kartoffel mit dem Sparschäler schälen und mit der Reibe zerreiben.
Die Masse in eine Schüssel füllen und 3 Esslöffel Wasser dazugeben.
Nach 10 Min. Wartezeit die Masse in das Küchensieb geben und mit einem Esslöffel ausdrücken, sodass die Stärkeflüssigkeit in die darunter stehende Schüssel tropft. Es entsteht ca. 70 ml Stärkeflüssigkeit.
Die Stärkeflüssigkeit mit den 7 Esslöffeln Wasser unter ständigem Rühren mit einem Schneebesen in einem Kochtopf erhitzen, bis sie eindickt (nicht anbrennen oder kochen lassen).
Abgekühlt ist der Kleber gebrauchsfertig.

Hinweise:

- Anstatt mit der Reibe kann die Kartoffel auch mit einem Mixer zerkleinert werden.
- Sollte der Kleber eine zu feste Konsistenz haben, kann noch Wasser untergerührt werden.
- Kartoffel-Kleber trocknet gelblich auf und ist im Kühlschrank in einem verschlossenem Gefäß ein paar Tage haltbar.

Praxistipp:

- Kartoffel-Kleber klebt poröse Materialien wie Pappe, Papier, Kork etc.

Zutaten

- ✔ 30 ml Wasser
- ✔ 1 große Kartoffel (ca. 200 g)
- ✔ 70 ml Wasser

3 ×

1 ×

7 ×

Zutaten

- ✔ 30 g Kartoffelstärke
- ✔ 40 g Zucker
- ✔ 60 ml Wasser
- ✔ 600 ml Wasser
- ✔ 20 ml Glycerin (Apotheke)

5 × 

5 × 

3 × 

2 × 

2 × 

Glycerin-Kleber

Besonders „streichfähiger“ Kleber durch Glycerin

Zeit: 15 Min.
Menge: 700 ml Kleber
Material: Schüssel, Esslöffel, Becher, Kochtopf, Schneebesen, verschließbares Gefäß

Die Stärke mit dem Zucker in der Schüssel mischen.
3 Esslöffel Wasser unterrühren.
Die 2 Becher Wasser im Kochtopf zum Sieden bringen.
Den Topf vom Herd nehmen und die angerührte Stärke-Zuckerflüssigkeit mithilfe des Schneebesens in das heiße Wasser einrühren.
Es bildet sich sofort eine gelartige, transparente Masse, die kräftig gerührt werden muss, bis die Stärke im heißen Wasser vollkommen aufgequollen ist.
Nach dem Abkühlen 2 Esslöffel Glycerin in die Klebemasse geben. Das macht sie cremiger und sie lässt sich besser verstreichen. Fertig!

Hinweise:

- Wer kein Glyzerin zur Hand hat, kann den Kleber auch ohne diese Zutat zubereiten. Das Glycerin macht den Kleber lediglich streichfähiger.
- Der Kleber trocknet transparent auf.
- Da der Kleber Wasser enthält, kann sich dünnes Papier wellen. Deshalb sollte zum Kleben festeres Papier oder Pappe verwendet werden.
- Der Kleber ist in einem verschließbaren Gefäß im Kühlschrank mehrere Tage haltbar.

Praxistipps:

- Der Kleber klebt poröse Materialien wie Papier, Pappe, Kork etc.
- Er eignet sich gut zum Aufkleben von Serviettenmotiven auf Tontöpfe o. Ä. und ist so eine günstige Alternative zum Serviettentechnik-Kleber.

Gelatine-Kleber

Gelatine geht hier mit Zucker eine klebrige, transparente und starke Verbindung ein.

Zeit: 15 Min. + Abkühlzeit
Menge: ca. 200 ml Kleber
Material: Esslöffel, Tasse, Kochtopf, Schneebesen, Schraubverschlussglas

Das Gelatinepulver mit dem Wasser und dem Zucker im Kochtopf verrühren.
Die Flüssigkeit unter Rühren mit dem Schneebesen erwärmen, bis sie kocht.
Den „heißen Kleber“ vom Herd nehmen. Der fertige Kleber ist flüssig und wird warm verwendet.

Hinweise:

- Erkaltet der Kleber, dickt er an und kann, wenn gewünscht, im Wasserbad wieder verflüssigt werden.
- Der Gelatine-Kleber trocknet transparent auf.

Praxistipp:

- Der Kleber klebt poröse Materialien wie Papier, Pappe, Leder, Kork.

Zutaten

- ✔ 10 g Gelatinepulver
- ✔ 15 g Zucker
- ✔ 200 ml Wasser

Zutaten

- ✔ 150 g Reis
- ✔ 200 ml Wasser
- ✔ 400 ml Wasser

1 ×

1 ×

2 ×

Reis-Kleber

Körniger Reis wird zu klebrigem Kleber.

Zeit: 20 Min. + 3 Tage ziehen lassen
Menge: ca. 300 ml Kleber
Material: Tasse, verschließbares Gefäß, Plastiktüte, Nudelholz oder Mixer, Kochtopf, Küchensieb aus Metall, Schaber oder Esslöffel

Den Reis mit der einen Tasse Wasser in ein verschließbares Gefäß geben und die Mischung 3 Tage im Kühlschrank stehen lassen.
Den eingeweichten Reis in eine Plastiktüte geben und mit dem Nudelholz darüber rollen (fein mahlen).
Den zermahlenen Reis mit den 2 Tassen Wasser in einem Topf aufkochen und bei niedriger Temperatur eindicken.
Die Masse mithilfe eines Schabers oder Esslöffels durch ein Metallsieb in ein verschließbares Gefäß streichen.
Nach dem Abkühlen ist der Kleber gebrauchsfertig.

Hinweise:

- Der Kleber hält sich in dem verschlossenem Gefäß ein paar Tage im Kühlschrank.
- Reiskleber trocknet weißlich-gelb auf.
- Statt mit dem Nudelholz kann der Reis auch in einem Mixer zerkleinert werden.

Praxistipp:

- Der Kleber klebt poröse Materialien wie Papier, Pappe, Holz etc.

Honig-Essig-Kleber

Ungewöhnlicher Kleber für gewöhnliche Materialien

Zeit: 15 Min.
Menge: 500 ml Kleber
Material: Tasse, Esslöffel, Teelöffel, Kochtopf, Schüssel, Schneebesen, Schraubverschlussglas

Die erste Tasse Wasser mit dem Honig und dem Essig im Kochtopf mischen und zum Kochen bringen.
In der Zwischenzeit die Kartoffelstärke mit der zweiten Tasse Wasser in einer Schüssel mischen.
Kocht die Honig-Essig-Wasserflüssigkeit im Topf, den Topf vom Herd nehmen und die Stärkeflüssigkeit mit einem Schneebesen unterrühren.
Die Masse dickt ein und ist nach dem Abkühlen gebrauchsfertig.

Hinweise:

- Der Kleber hält sich in einem Schraubverschlussglas mehrere Tage.
- Je nach gewünschter Konsistenz kann dem Kleber Wasser oder Stärke zugemischt werden.

Praxistipp:

- Dieser Kleber klebt poröse Materialien wie z. B. Pappe, Papier, Kork etc.

Zutaten

- ✔ 200 ml Wasser
- ✔ 20 ml Honig
- ✔ 10 ml weißer Haushaltsessig
- ✔ 10 g Kartoffelstärke
- ✔ 200 ml Wasser

1 ×

2 ×

2 ×

2 ×

1 ×

Zutaten

- ✔ 200 ml warme, fettarme Milch
- ✔ 30 ml weißer Haushaltsessig
- ✔ 5 g Kaiser-Natron

Milchkleber

Starker Kleber aus fettarmer Milch

Zeit: 15 Min.
Menge: 40 ml Kleber
Material: Esslöffel, mikrowellengeeignete Schüssel, Tasse, feinporiges Küchensieb, Schüssel, Schraubverschlussglas, evtl. ein Stück Stoff

Die Milch in die mikrowellengeeignete Schüssel füllen und erwärmen (nicht kochen!).
3 Esslöffel weißen Haushaltsessig zur warmen Milch geben. Die Milch wird durch den Essig sauer und bildet Klümpchen.
Mit dem Esslöffel die Milch solange umrühren, bis sich keine Klümpchen mehr bilden.
Das feinporige Sieb über die Schüssel halten und die sauer gewordene Milch hineinschütten. Die Molke fließt in die Schüssel und die Fett- und Eiweißklümpchen bleiben im Sieb.
Die Masse mit dem Esslöffel noch etwas ausdrücken, bis der letzte Tropfen Molke in die Schüssel tropft.
Die übrig gebliebene Fett-Eiweiß-Klümpchenmasse in ein Schraubverschlussglas geben und mit dem Kaiser-Natron vermischen. Das Natron neutralisiert die Säure, die sich noch in der Masse befindet.
Um die Masse streichfähiger zu machen, noch etwas übriggebliebene Molke zu der Masse geben, bis die gewünschte Konsistenz erreicht ist. Fertig!

Hinweise:

- Der Kleber trocknet gelblich-weiß auf.
- Statt die Flüssigkeit durch ein Sieb zu schütten, kann auch ein Stück Stoff über die Schüssel gespannt werden. Die Fett-Eiweiß-Klümpchenmasse sammelt sich dann im Stoff.

Praxistipp:

- Der Kleber klebt poröse Materialien wie Papier, Pappe, Holz etc.

Dextrine-Kleber

...oder Röstgummi. Das hält und hält und hält ...

Zeit: 70 Min.
Menge: 600 ml Kleber
Material: Tasse, Esslöffel, Backblech, Kochtopf, Wasserbad, Schraubverschlussglas

Die Kartoffelstärke mithilfe des Esslöffels gleichmäßig auf dem Backblech verteilen und bei 180 ° C im Backofen backen.
Nach ca. 1 Stunde färbt sich die Stärke leicht gelblich-bräunlich. Es ist Dextrinepulver entstanden.
Dieses Pulver mit dem Wasser vermischen und im Wasserbad erhitzen (nicht kochen!), bis es eindickt.
Nach dem Abkühlen ist der Kleber gebrauchsfertig und kann in ein Schraubverschlussglas gefüllt werden.

Hinweise:

- Der Kleber ist im Schraubverschlussglas mindestens eine Woche haltbar.
- Da der Kleber Wasser enthält, kann sich dünnes Papier wellen. Deshalb sollte zum Kleben festeres Papier oder Pappe verwendet werden.

Praxistipp:

- Der Kleber klebt poröse Materialien wie Holz, Kork, Pappe und Papier.

Zutaten

- ✔ 150 g Kartoffelstärke
- ✔ 300 ml Wasser

1 ×  

1 ×  

Modelliermassen

Modelliermassen werden in der Regel zum Herstellen von Figuren, Deko-Objekten oder Schmuckstücken genutzt. In diesem Kapitel soll besonders dem Herstellungsprozess und dem Umgang mit solchen Massen Beachtung geschenkt werden. Es werden die „klassischen" Knetmassen, aber auch ein paar ungewöhnlichere Varianten vorgestellt.

Zitronenknete

Bewährt und beliebt – die klassische Knetmasse!

Zeit: 15 Min. + Abkühlzeit
Menge: ca. 800 g Knete
Material: Tasse, Esslöffel, Kochtopf, Handrührgerät, luftdicht verschließbares Gefäß

Alle Zutaten mit dem Handrührgerät in einem Kochtopf vermischen.
Auf der Herdplatte die Flüssigkeit unter ständigem Rühren erhitzen.
Die Masse dickt ein. Wenn sie sich vom Topfrand löst und zu einem Klumpen wird, ist die Knete fertig. Die Masse darf nicht aufkochen oder anbrennen!
Die Knete auskühlen lassen. Vor dem ersten Einsatz gut mit den Händen durchkneten.

Hinweise:

- Die Knete in einem luftdicht verschließbaren Gefäß aufbewahren, da sie sonst hart wird.
- Die Knete ist ca. 3–4 Wochen haltbar.
- Anstelle von Zitronensäure können auch 2 Teelöffel Weinstein (Reformhaus oder Apotheke) in die Knetmasse gegeben werden, um sie haltbarer zu machen.
- Anstelle der Lebensmittelfarbe können auch Farbpigmente (Internetshop oder Hobbyfachhandel → S. 107) oder Ostereierfärbetabletten zum Einfärben der Knete verwendet werden.

Praxistipps:

- Die Knete ist weich und lässt sich leicht verarbeiten.
- Sie eignet sich besonders gut für Kleinkinder ab einem Jahr, die erste Erfahrungen mit Knete sammeln.
- Modelliermasse kann auch als Steckmasse verwendet werden. Strohhalme, Trinkhalme, Stöcke o. Ä. werden so in die Modelliermasse gesteckt, dass kreative Gebilde entstehen (siehe Bild).

Zutaten

- ✔ 200 g Mehl
- ✔ 300 g Salz
- ✔ 400 ml Wasser
- ✔ 20 ml Speiseöl
- ✔ 20 g Zitronensäure (Backzutat)
- ✔ 10 ml Lebensmittelfarbe

2 ×

2 ×

2 ×

2 ×

4 ×

1 ×

Zutaten

- ✔ 200 g Mehl
- ✔ 1,5 kg Vogelsand
- ✔ 600 ml Wasser
- ✔ evtl. 20 ml Lebensmittelfarbe

2 ×

5 ×

3 ×

2 ×

Sandknete

Sand, der nach dem Trocknen seine Form behält

Zeit: 15 Min. + Abkühlzeit
Menge: ca. 2,5 kg Sandknete
Material: Tasse, Kochtopf, Löffel

Mehl, Vogelsand und Wasser mithilfe des Löffels im Kochtopf mischen.
Soll die Knete farbig werden, noch eine Tube Lebensmittelfarbe unterrühren.
Bei mittlerer Hitze die Masse solange rühren, bis sie eindickt (Vorsicht, nicht anbrennen lassen!).
Nachdem die Sandknete etwas abgekühlt ist, noch einmal kräftig mit den Händen durchkneten. Die Knete ist sofort einsatzbereit.

Hinweis:

- Sollte die entstandene Sandknete zu sehr kleben, einfach noch etwas Vogelsand oder Mehl untermischen. Ist die Knete zu fest, etwas Wasser dazugeben.

Praxistipps:

- Aus der Knetmasse können die verschiedensten Modelle geformt werden.
- Besonders gut trocknen die Modelle auf der Heizung.
- Sind diese gut durchgetrocknet (dauert ca. 1 Woche), können sie bemalt oder zur besseren Haltbarkeit zusätzlich lackiert werden. Sie lassen sich z.B. zur Verschönerung des Gartens nach draußen stellen.
- Aus der Sandknete lässt sich ein ca. 2 cm dicker „Pfannkuchen" herstellen (ein Teller dient z.B. als Schablone). Kleine Stöckchen oder Zahnstocher in die Masse stecken, alles gut durchtrocknen lassen – so entsteht ein Steckspiel. Perlen können z.B. farbig sortiert auf die Stöckchen gesteckt werden. Sind auch die Stöckchen farbig, wird die Perlenfarbe der passenden Stöckchenfarbe zugeordnet usw. Sollten die Stöckchen oder Zahnstocher nach dem Trocknen der Masse etwas wackeln, können sie noch mit einem Tropfen Bastelkleber fixiert werden.

Modelliermasse aus Einstreu

Ställe einstreuen war gestern, kreativ Modellieren ist heute!

Zeit: 15 Min.
Menge: ca. 1 kg Modelliermasse
Material: Plastikwanne oder Eimer, Becher, Esslöffel, Tasse, Schneebesen

In der Plastikwanne mit dem Schneebesen Wasser und Tapetenkleisterpulver verrühren, bis die Masse klümpchenfrei ist.
Den Holzleim daruntermischen, Einstreu dazugeben.
Mit den Händen alles gut durchkneten, bis sich die Einstreu vollständig mit der Flüssigkeit vollgesogen hat. Die Masse ist sofort einsatzbereit.

Hinweise:

- Ist die entstandene Modelliermasse zu trocken, kann noch angerührter Kleister oder Leim dazugegeben werden. Ist die Masse zu feucht und klebrig, Einstreu hinzugeben.
- Die entstandenen Modelle während des Trocknens wenden, damit sie von jeder Seite gleichmäßig durchtrocknen und nicht schimmeln. Je nach Dicke der modellierten Werke kann der Trocknungsprozess einige Tage bis zu einer Woche dauern.
- Anstelle von Einstreu kann auch normales Sägemehl verwendet werden.

Praxistipps:

- Aus dem Einstreu-Teig Tiere, Figuren oder Gegenstände formen.
- Es können auch Ausstechformen oder alte Kuchenformen genutzt werden, um Motive herzustellen.
- Verzierungen wie kleine Steine oder Stöcke in die noch feuchte Masse drücken.
- Nach dem Trocknen die fertigen Modelle mit Farbe bemalen.
- Damit die Farbe besser hält und zur Geltung kommt, können die Werke mit Klarlack überzogen werden.

Zutaten

- ✔ 250 g Einstreu
- ✔ 600 ml Wasser
- ✔ 15 g Tapetenkleisterpulver
- ✔ 200 ml Holzleim

Zutaten

- ✔ 200 g Mehl
- ✔ 150 g Salz
- ✔ 200 g Kaffeesatz
- ✔ 200 ml kalter Kaffee

Kaffee-Modelliermasse

Kaffeesatz gehört nach dem Brühen nicht auf den Kompost, sondern in die Modelliermasse!

Zeit: 10 Min.
Menge: ca. 800 g Modelliermasse
Material: Tasse, Schüssel, luftdicht verschließbares Gefäß

Alle Zutaten in der Schüssel mischen.
Die Masse auf eine bemehlte Arbeitsplatte geben und kräftig durchkneten. Fertig!

Hinweise:

- Die Modelliermasse in einem luftdichten Gefäß aufbewahren.
- Klebt die Masse nach der Herstellung, noch etwas Kaffeepulver oder Mehl unterkneten.

Praxistipps:

- Die Kaffee-Modelliermasse kann wie normale Knete benutzt werden.
- Die Modelliermasse hat eine braun-schwarze Farbe, aus der z. B. kleine Igel hergestellt werden können. Einfach noch Zahnstocher in die Masse stecken und trocknen lassen. Fertig ist der „Kaffee-Igel"!

Casein-Figuren

… oder Milch in fester Form

Zeit: 10 Min. + Zeit zur Aushärtung
Menge: 60 g Modelliermasse
Material: Kochtopf, Esslöffel, feines Küchensieb, Schüssel

Die Milch in den Kochtopf schütten und auf dem Herd erwärmen (nicht zu heiß werden oder kochen lassen!).
Wenn die Milch erwärmt ist, die Essigessenz hinzugeben. Innerhalb weniger Sekunden wird die Milch flockig und sauer.
Die saure Milch durch das Küchensieb in eine Schüssel schütten. Die Flocken (sie bestehen aus Casein) bleiben im Sieb zurück.
Die Flocken zu einer Masse zusammendrücken. Die Masse ist einsatzbereit.

Hinweise:

- Die Masse sollte am Tag ihrer Herstellung verbraucht werden. Sie lässt sich dann am besten formen.
- Die Masse benötigt je nach Dicke mehrere Tage zum Trocknen.

Praxistipps:

- Aus der Masse können Figuren geknetet oder mit Plätzchenformen ausgestochen werden.
- Auch Kugeln oder Murmeln lassen sich gut aus der Masse rollen und später zum Spielen und Basteln verwenden.
- Wenn die Form als Anhänger um den Hals getragen werden soll, vor dem Trocknen ein Loch in die Form stechen, z. B. mit einem Schaschlikspieß.

Zutaten

- ✔ 400 ml frische Vollmilch
- ✔ 10 ml Essigessenz

2 ×

1 ×

Salzteig

Zutaten

- ✔ 150 g Salz
- ✔ 300 g Mehl
- ✔ 200 ml Wasser

Klassisch, einfach, bewährt und gut!

Zeit: 10 Min.
Menge: ca. 600 g Teig
Material: Tasse, Schüssel

Alle Zutaten in die Schüssel geben.
Die Zutaten mit den Händen vermischen und gut durchkneten.
Teig aus der Schüssel nehmen und noch einmal gut mit den Händen durchkneten. Der Teig ist fertig zum Formen.

Hinweise:

- Ist der Teig zu fest, fehlt Wasser, ist der Teig zu klebrig, fehlt Mehl.
- Der Salzteig kann durch Zugabe von Lebensmittelfarbe, Farbpigmenten oder Ostereierfärbetabletten eingefärbt werden.
- Die Backzeit im Ofen hängt von der Größe bzw. Dicke der Gebilde ab. Bei kleineren Figuren reichen zwei Stunden bei ca. 100 °C.
- Die Figuren bzw. Formen müssen gut durchtrocknen, damit sie nicht schimmeln. Sie können zum Nachtrocknen auch auf die Heizung gelegt werden.
- Die Figuren können nach dem Trocknen noch bemalt werden.
- Soll das Werk später aufgehangen werden, vor dem Trocknen an gewünschter Stelle ein Loch in den Teig stechen.

Salzteig „Deluxe“

Geschmeidige Luxusvariante zum normalen Salzteig

Zeit: 10 Min.
Menge: ca. 600 g Teig
Material: Tasse, Schüssel

Alle Zutaten in die Schüssel geben und mit den Händen kräftig durchkneten.
Das Wasser und das Tapetenkleisterpulver mischen und 5 Min. quellen lassen.
3 Esslöffel von dem entstandenen Kleister entnehmen und unter den fertigen Salzteig (siehe oben) mischen.
Alles gut mit den Händen durchkneten. Fertig ist der Salzteig „Deluxe“.

Hinweis:

- Dieser Teig ist geschmeidig, lässt sich gut bemalen und glänzt leicht.

Praxistipps:

- Mit diesem Teig können z.B. Utensilien für den Kaufmannsladen oder die Puppenecke wie ein Laib Brot, Äpfel, Bananen etc. hergestellt werden. Anschließend lassen sich die Gebilde noch passend bemalen.
- Mit Klarlack überstrichen hält die Farbe besser und glänzt schön.
- Auch größere Gebilde sind machbar. Hier empfiehlt es sich allerdings, in Schichten zu arbeiten. Eine Schicht Salzteig trocknen lassen und dann erst die nächste auftragen usw.

Zutaten

- ✔ 300 g Mehl
- ✔ 50 g Kartoffelstärke
- ✔ 200 ml Wasser
- ✔ 150 g Salz
- ✔ 300 ml Wasser
- ✔ 5 g Tapetenkleisterpulver

Zutaten

- ✔ 1 Päckchen Wackelpuddingpulver (für 500 ml Wasser, Sorte nach Wahl)
- ✔ 200 ml Wasser
- ✔ 150 g Salz
- ✔ 150 g Mehl
- ✔ 1 Päckchen Sahnesteif
- ✔ 20 ml Speiseöl

1 ×

1 ×

1 ×

1 ×

1 ×

2 ×

Wackelpudding-Knete

Ungewöhnlich, originell und duftet angenehm!

Zeit: 15 Min.
Menge: ca. 450 g Knete
Material: Tasse, Becher, Esslöffel, Schüssel, Kochtopf, Handrührgerät mit Knethaken, luftdicht verschließbares Gefäß

Das Wackelpuddingpulver mit dem Salz, dem Mehl und dem Sahnesteif in einer Schüssel mischen.
Das Öl mit dem Wasser im Kochtopf aufkochen und zu den trockenen Zutaten in die Schüssel geben.
Mit dem Handrührgerät und den Knethaken die Masse vermischen (Vorsicht, heiß!).
Ist die Masse etwas abgekühlt, diese kräftig mit den Händen durchkneten.
Nach dem Abkühlen ist die Wackelpudding-Knete gebrauchsfertig.

Hinweise:

- Wackelpudding-Knete unterscheidet sich von herkömmlicher Knete dadurch, dass sie den Geruch und die Farbe des Wackelpuddings annimmt.
- Wenn die Knete zu feucht ist, kann sie einen Tag an der Luft nachtrocknen. Wenn die Knete zu trocken ist, noch etwas Wasser oder Öl dazugeben.
- Die Modelliermasse ist in einem luftdichten Behälter aufbewahrt ca. 2 Wochen haltbar.

Praxistipp:

- Die Wackelpudding-Knete kann wie gewöhnliche Knete verwendet werden.

Sägemehl-Knete

Erfordert feinmotorische Fähigkeiten, Handgeschicklichkeit und macht viel Spaß !

Zeit: 30 Min.
Menge: 1200 g Knete
Material: Mörser und Stößel oder evtl. Mixer, Schüssel, Becher, Tasse, Esslöffel

Die Kreide mit Mörser und Stößel zerkleinern. Ist die Kreide noch zu grob, diese mit dem Mixer weiter zu feinem Staub zermahlen.
Das Wasser mit dem Holzleim und dem Tapetenkleisterpulver verrühren, sodass eine homogene Masse entsteht.
Den Kreidestaub, das Roggenmehl und zum Schluss das Sägemehl hinzugeben.
Alles mit den Händen kräftig durchkneten, bis sich alle Zutaten gut miteinander vermischt haben. Die Modelliermasse ist einsatzbereit!

Hinweise:

- Die modellierten Modelle auf ein mit Backpapier ausgelegtes Backblech legen und bei 130 Grad im Backofen mehrere Stunden backen (je nach Dicke der Modelle). Die Modelle können auf der Heizung noch nachtrocknen. Wichtig ist, dass sie gut durchtrocknen, damit sie nicht schimmeln.
- Sollte die Modelliermasse zu nass und klebrig sein, Sägemehl unterkneten. Ist sie zu trocken, Wasser untermischen.

Praxistipps:

- Aus der Masse lassen sich kreative und nützliche Gebilde formen, ähnlich wie aus der Modelliermasse aus Einstreu (→ S. 55). Bei diesem Rezept ist die Masse nur noch feiner, härter und wird zusätzlich gebacken.
- Die Gebilde können nach dem Trocknen bzw. Aushärten noch bemalt werden.
- Klarlack macht die Gebilde witterungsbeständiger.

Zutaten

- ✔ 100 g dicke Straßenmalkreide
- ✔ 200 g Sägemehl oder Sägestaub
- ✔ 100 g Roggenmehl
- ✔ 20 g Tapetenkleisterpulver
- ✔ 20 ml Holzleim
- ✔ 800 ml Wasser

3 ×

4 ×

1 ×

3 ×

2 ×

2 ×

1 ×

Zutaten

- ✔ 30 g Kartoffelstärke
- ✔ 300 ml Holzleim
- ✔ 15 ml Glyzerin (Apotheke)
- ✔ 5 ml Zitronensaft
- ✔ 20 g Hautcreme (ohne Siliconzusatz, z. B. Penatencreme)

5 ×

2 ×

3 ×

1 ×

3 ×

Porzellan-Imitat

Täuschend echt, aber viel günstiger, leichter zu bearbeiten und stabiler!

Zeit: 15 Min. + Trocknungszeit
Menge: 400 g Modelliermasse
Material: Tasse, Esslöffel, Teelöffel, mikrowellengeeignete Schüssel, Topflappen, luftdicht verschließbares Gefäß

Alle Zutaten bis auf die Hautcreme nach und nach in die mikrowellengeeignete Schüssel geben und gut verrühren. Die Masse ca. 2 Min. in der Mikrowelle kochen, dabei zwischendurch umrühren. Wenn die Mischung kocht, bilden sich kleine Bläschen auf der Oberfläche.
Die Mischung herausnehmen (Vorsicht, heiß, Topflappen verwenden!).
Wenn die Mischung so weit abgekühlt ist, dass man sie anfassen kann, die Hautcreme dazugeben.
Alles gut durchkneten, bis ein „Teigklumpen" entstanden ist. Die Modelliermasse ist gebrauchsfertig.

Hinweise:

- Das Porzellan-Imitat muss nicht gebacken werden. Es härtet an der Luft aus und benötigt dafür je nach Dicke ca. 2 – 3 Tage.
- Das Porzellan-Imitat hält sich, in einem gut verschlossenen, luftdichten Gefäß aufbewahrt, ca. 3 Wochen.
- Lieber weniger als zu viel Kartoffelstärke verwenden, da der Teig bei Überdosierung schnell anfängt zu bröckeln.

Praxistipps:

- Selbst kleine und filigrane Modelle lassen sich mit dem Porzellan-Imitat herstellen, z. B. Perlen, Ornamente etc.
- Für die Herstellung eines Ornamentes das Porzellan-Imitat in eine Ornamentschablone (Bastelgeschäft) streichen und trocknen lassen.
- Für Perlen kleine Kugeln mit den Händen formen und mit einem Schaschlikspieß durchbohren. Die Perlen können auch auf dem Spieß getrocknet werden (siehe Bild). Danach mit Farbe anmalen
- Sollen einfarbige Perlen hergestellt werden, den Teig vor der Verarbeitung z. B. mit Acrylfarben einfärben. Der Teig erhält dann die entsprechende Farbe und kann zu den Perlen verarbeitet werden.

Zutaten

- ✔ 2 EL Vaseline
- ✔ 3 EL 100% Bienenwachs
- ✔ 120 g Kartoffelstärke
- ✔ evtl. 1 Spritzer Lebensmittelfarbe

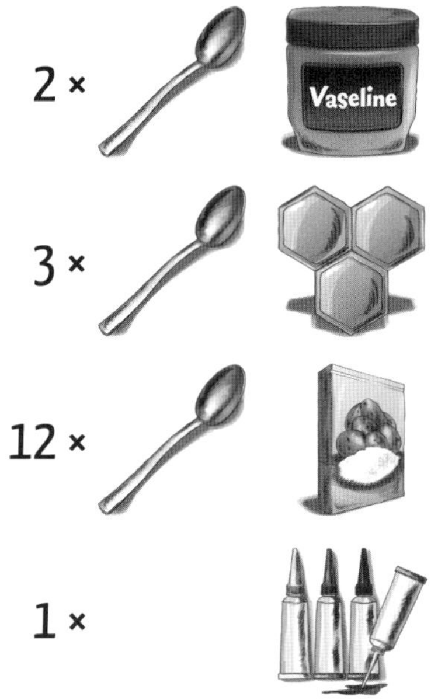

„Therapieknete“

Die Bienenwachsmasse fühlt sich angenehm auf der Haut an und schult gleichzeitig die Motorik.

Zeit: 20 Min. + Abkühlzeit
Menge: 250 g Knete
Material: Wasserbad, Schüssel, Esslöffel, luftdicht verschließbares Gefäß

Die Vaseline und das Bienenwachs im Wasserbad zusammen schmelzen.
Die Schüssel aus dem Wasserbad nehmen und löffelweise die Kartoffelstärke unterrühren.
Einen Spritzer Lebensmittelfarbe unter die Masse kneten, falls eine Färbung der „Therapieknete“ gewünscht ist.
Abgekühlt ist die Knete gebrauchsfertig.

Hinweise:

- Wird noch Lebensmittelfarbe unter die Knete gemischt, darauf achten, dass sie abgekühlt ist, damit es nicht zu Verbrennungen kommt.
- Die „Therapieknete“ ist in einem luftdichten Gefäß aufbewahrt monatelang haltbar.

Praxistipps:

- Die Knete hat durch das abgekühlte Wachs eine relativ feste Konsistenz und wird durch die Körperwärme langsam weicher.
- Sie kann dazu verwendet werden, die Handmotorik zu trainieren und wird z. B. auch in der Ergotherapie eingesetzt.
- Die Knete kann wie gewöhnliche Knete zum Spielen verwendet werden.
- Durch das Wachs und die Vaseline ist es sehr angenehm, die Knete mit den Händen zu bearbeiten.

Papiermaché für Eilige

Ohne Ziehen oder Einweichen lassen einfach sofort loslegen!

Zeit: 5 Min.
Menge: 200 ml Flüssigkeit
Material: Schüssel, Esslöffel, Papierschnipsel oder -streifen, evtl. Kaninchen- oder kleiner Maschendraht, Blumendraht, Zange, Luftballon

Zutaten

- ✔ 20 g Gelatinepulver
- ✔ 80 ml Bastelleim
- ✔ 100 ml Wasser

Alle Zutaten verrühren, bis die Masse glatt und geschmeidig ist.
Papierschnipsel oder -streifen in die Masse tauchen und direkt auf die gewünschte Form auftragen.
Dies wiederholen, bis die gewünschte Stärke erreicht ist.
Alles gut durchtrocknen lassen. Das kann, je nach Stärke der Papiermaché-Schicht, ein paar Tage dauern.

Hinweise:

- Die entstandenen Papiermaché-Figuren gelegentlich wenden, damit sie von allen Seiten gut durchtrocknen.
- Nicht zu wenig Schichten aus Papiermaché auftragen, damit die Figur stabil wird.
- Eine letzte Schicht weißes Papier bietet für eine spätere Bemalung einen besseren Untergrund.
- Die Gebilde zur besseren Haltbarkeit zum Schluss lackieren.
- Der Vorteil dieser Masse gegenüber den anderen Papiermaché-Rezepten ist, dass sie sofort einsatzbereit ist.

Praxistipps:

- Mit Maschendraht kann eine Grundform für eine Figur gebogen werden. Mithilfe einer Zange und Blumendraht lassen sich so Formen biegen wie ein Männchen oder Tiere, auf die das Pappmaché aufgetragen werden kann.
- Eine einfache Methode ist, die Pappmaché-Schnipsel oder -Streifen in mehreren Schichten auf einen aufgeblasenen Luftballon zu kleben. Nach dem Trocknen kann der Ballon zerstochen werden und eine Pappmaché-Hülle bleibt übrig, die beliebig gestaltet werden kann.

Zutaten

- ✔ 200 g weißes Toilettenpapier
- ✔ 10 l heißes Wasser

2 ×

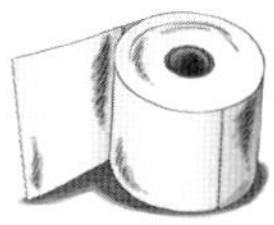

10 ×

Papiermaché

Der Papierbrei ist leicht herzustellen und das Ergebnis vielseitig verwendbar!

Zeit: 15 Min. + einen Tag Einwirkzeit
Menge: ca. 200 g Papier
Material: Wasserkocher, Messbecher, Kunststoffwanne, Stabmixer, Schöpfrahmen (ca. DIN A4), Nudelholz, mehrere saugfähige Tücher (Filz, Schwamm, Spültücher), evtl. Wäscheständer und Wäscheklammern

Das Wasser im Wasserkocher zum Kochen bringen.
Das Toilettenpapier in die Wanne geben und mit dem heißen Wasser übergießen.
Das Ganze über Nacht stehen lassen, damit sich das Papier vollsaugen kann.
Am nächsten Tag alles mit dem Stabmixer pürieren, sodass eine Art Brei entsteht.
Den Schöpfrahmen in den Papierbrei tauchen und leicht hin und her bewegen. Es soll sich eine dünne Schicht Papierbrei gleichmäßig auf die Oberfläche des Rahmens setzen.
Den Rahmen vorsichtig herausnehmen, das überschüssige Wasser tropft zurück in die Wanne.
Mit einem Schwamm den Papierbrei noch leicht auf den Rahmen drücken. Ebenfalls mit dem Schwamm Wassertropfen auf der Unterseite des Schöpfrahmens entfernen.
Den Rahmen auf ein vorher bereitgelegtes Filztuch umstülpen.
Durch leichtes Klopfen auf die Rückseite des Rahmens löst sich der Papierbrei und fällt auf das Tuch.
Ein Filztuch darüber legen und mit einem Nudelholz darüber rollen. Das Wasser so weit wie möglich herauspressen. Sollte das erste Tuch schon zu nass sein, noch ein zweites Filztuch darüber legen.
Das obere Tuch wieder entfernen und das entstandene Papier (liegt noch auf dem unteren Filztuch) mit diesem Tuch und Wäscheklammern am Wäscheständer befestigen. Wenn das Papier vollständig getrocknet ist, fällt es alleine vom Tuch ab oder kann durch leichtes Ziehen schnell entfernt werden. Das selbst geschöpfte Papier ist bereit für den Einsatz!

Hinweise:

- Werden verschiedenfarbige Papiere wie Zeitungen, Haushaltspapier, Eierkartons etc. genutzt, um den Papierbrei herzustellen, wird auch das daraus hergestellte Papier diese Mischfarbe annehmen.
- Soll weißes Schreibpapier für Karten, Briefe etc. entstehen, für dessen Herstellung nur weißes Papier nutzen.
- Die Schöpfwanne sollte so groß sein, dass der Schöpfrahmen bequem untergetaucht werden kann.
- Ein Schöpfrahmen kann auch selbst hergestellt werden, indem auf einen Keilrahmen ohne Bespannung ein Fliegengitter straff getackert wird.

Praxistipps:

- Soll das Papier mit dem Motiv einer bedruckten Papierserviette, Trockengewürzen, Pailletten, Trockenblumen, Blättern etc. verziert werden, so vorgehen: Nach dem einmaligen Überrollen mit dem Nudelholz das oberste Filztuch abnehmen und das Papier mit den o.g. Materialien belegen. Das Filztuch wieder über das nasse Papier legen und noch einmal mit dem Nudelholz walzen. Die Materialien haften dadurch am nassen Papier. Das obere Filztuch wieder abnehmen und das Papier wie auf S. 66 beschrieben trocknen.
- Soll das hergestellte Papier eine bestimmte Farbe bekommen oder glitzern, Farbe und/oder Glitzer in den fertigen Papierbrei geben. Danach wie auf S. 66 beschrieben verfahren.
- Verschiedenfarbige Papiere können auch hergestellt werden, indem z.B. nur grüne Eierkartons, rotes Blumenpackpapier etc. verwendet werden.
- Soll das Papier zu einer Karte gefaltet werden, mit einer Sprühflasche Wasser auf die spätere Knickfalz sprühen. Das Papier lässt sich dort jetzt leicht knicken. Alles trocknen lassen, Karte beschriften.
- Aus dem Papierbrei können auch Anhänger für Geschenke, den Weihnachtsbaum oder den Osterstrauch hergestellt werden. Dazu Ausstechförmchen auf den Schöpfrahmen legen und den Papierbrei mithilfe eines Messbechers in die Förmchen schütten. Am Boden des Förmchens sollte sich eine Schicht Papierbrei absetzen. Ein Frühstücksbrettchen auf die Förmchen legen und das Ganze stürzen. Die Förmchen liegen so auf dem Brett und der Schöpfrahmen kann abgenommen werden. Jetzt die Förmchen vorsichtig entfernen. Wie auf S. 66 beschrieben mit den Filztüchern und dem Nudelholz das Wasser herauspressen, die entstandenen Modelle verzieren und zum Trocknen aufhängen.

Papiermaché mit Mehl

Zutaten

- ✔ 200 g Papier (ca. 2 Tageszeitungen)
- ✔ 2 Liter warmes Wasser
- ✔ 500 ml Wasser
- ✔ 15 g Tapetenkleisterpulver
- ✔ 40 g Mehl

2 ×

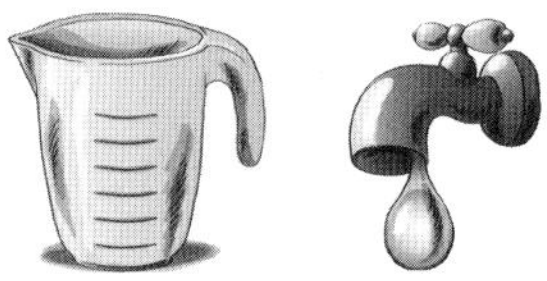

1 ×

1 ×

3 ×

8 ×

Geschmeidige Masse für leichtes Modellieren

Zeit: 15 Min. + Einweichzeit
Menge: ca. 2,5 kg Papiermaché
Material: Eimer, Messbecher, Esslöffel, Tasse, evtl. Keilrahmen, Draht, Luftballon, Farbe, Verzierungen

Das Papier klein reißen und in den Eimer geben. Die 2 Liter warmes Wasser darüber gießen und alles mit den Händen kräftig durchkneten.
Die Masse über Nacht stehen lassen.
Am nächsten Tag den Tapetenkleister mit 500 ml Wasser verrühren und unter das eingeweichte Papier geben.
Das Mehl darüber streuen und noch einmal alles mit den Händen gut durchkneten. Fertig!

Hinweise:

- Die entstandenen Papiermaché-Figuren gelegentlich wenden, damit sie von allen Seiten gut durchtrocknen.
- Die Masse ist schön geschmeidig und lässt sich gut auftragen und verstreichen.
- Nicht zu wenig Schichten aus Papiermaché auftragen, damit die Figur auch stabil wird.
- Eine letzte Schicht weißes Papier bietet für eine spätere Bemalung einen besseren Untergrund.
- Die Gebilde zur besseren Haltbarkeit lackieren.
- Die entstandenen Papiermaché-Figuren brauchen je nach Dicke mehrere Tage bis zu einer Woche, um zu trocknen.

Praxistipps:

- Auch diese Masse kann wie auf → S. 65 beschrieben verwendet werden.
- Die Masse gibt Bildern eine reliefartige Struktur. Dazu auf einen Keilrahmen oder eine Malpappe eine oder mehrere Schichten Papiermaché auftragen. Nach dem Trocknen zeigt sich eine schöne strukturierte Oberfläche, die noch beliebig gestaltet oder bemalt werden kann.

Seife, Öl und Fette

Die meisten Seifenblasen-Flüssigkeiten bestehen aus destilliertem Wasser, Tensiden (Spülmittel, Schmierseife, Neutralseife etc.) und Verdickungsmittel (Zucker, Kleister, Glyzerin). Die Mengenverhältnisse in den Rezepten und die äußeren Einflüsse wie Luftfeuchtigkeit, Hitze etc. spielen zusätzlich eine Rolle bei der Herstellung der Seifenblasen. Im Folgenden sind Rezepte aufgeführt, mit denen ich die größten Erfolge hatte. Zusätzlich finden sich in diesem Kapitel noch einige Ideen zur Herstellung verschiedener Seifen und die Verwendung von Fetten und Ölen.

Zutaten

1. Schritt:

- ✔ 300 ml Wasser
- ✔ 3 g Tapetenkleisterpulver

1 ×  

1 ×  

2. Schritt:

- ✔ 300 ml destilliertes Wasser
- ✔ 150 ml Spülmittel
- ✔ 50 ml Zuckerrübensirup hell

1 ×  

1 ×  

3 ×  

Sirup-Seifenblasen

Helle Blasen – heller Sirup – helle Begeisterung beim Spiel mit Seifenblasen!

Zeit: 10 Min. + 1 Nacht Ruhezeit
Menge: 500 ml Flüssigkeit
Material: Becher, Tasse, Schüssel, Teelöffel, Esslöffel, Schraubverschlussglas

Das Wasser mit dem Tapetenkleisterpulver mischen.
5 Min. quellen lassen.
Die Kleistermasse für den 2. Schritt ist fertig.
Die im Kasten unter dem 2. Schritt genannten Zutaten nacheinander in die Schüssel geben und gut miteinander verrühren, bis sich der Zuckerrübensirup vollständig aufgelöst hat. Zum Schluss 6 Esslöffel der oben angerührten Kleistermasse unterrühren.
Die Flüssigkeit über Nacht stehen lassen, sodass alle entstandenen Luftbläschen aus ihr entweichen können.
Am nächsten Tag ist die Seifenblasenflüssigkeit einsatzbereit.

Hinweis:

- Bei dieser Seifenblasenmischung entstehen mittelgroße, hell schimmernde Seifenblasen. Die durchschnittliche Lebensdauer einer Blase beträgt 15–20 Sekunden.

Allgemeine Hinweise zu den Seifenblasen-Rezepten:

- Die Seifenblasenflüssigkeiten sollten in den nächsten Tagen verbraucht werden, da die Haltbarkeit der Seifenblasen nachlässt.
- Die Seifenblasenflüssigkeiten am besten in einem Schraubverschlussglas aufbewahren.
- Die Rezepte enthalten nur grobe Mengenangaben. Mit der Zugabe von Spülmittel, Wasser, Sirup etc. können sie perfektioniert werden.
- Seifenblasen tropfen, deshalb werden sie am besten draußen produziert.

◆ Praxistipps ➔ S. 72

Traubenzucker-Seifenblasen

Süße, schillernde Regenbogenblasen schweben durch die Luft.

Zeit: 5 Min. + 1 Nacht Ruhezeit
Menge: 750 ml Flüssigkeit
Material: Becher, Esslöffel, Schüssel, Tasse, Schraubverschlussglas

Das Wasser mit dem Traubenzucker in einer Schüssel mischen.
Das Ganze solange rühren, bis sich der Zucker vollständig aufgelöst hat.
Das Spülmittel unterrühren.
Die Flüssigkeit über Nacht stehen lassen, sodass alle entstandenen Luftbläschen aus ihr entweichen können.
Am nächsten Tag langsam 2 Esslöffel Glycerin unterrühren. Die Seifenblasenflüssigkeit ist sofort einsatzbereit.

Hinweis:

- Es entstehen mittelgroße, regenbogenfarbene Seifenblasen. Die durchschnittliche Lebensdauer einer Blase beträgt 10–15 Sekunden.

Zutaten

- ✔ 600 ml destilliertes Wasser
- ✔ 50 g Traubenzucker
- ✔ 150 ml Spülmittel
- ✔ 2 EL Glycerin (Apotheke)

REZEPT EIGEN

900 ml H_2O dest
60 ml Fairy Ultra
1 TL Weißer Pulver

Zutaten

- ✔ 60 ml Baby-Shampoo
- ✔ 200 ml destilliertes Wasser
- ✔ 50 ml Zuckerrübensirup hell
- ✔ 10 ml Glycerin (Apotheke)

6 ×

1 ×

3 ×

1 ×

Shampoo-Seifenblasen

Lange haltbare, große und bunte Seifenblasen durch das Zusammenspiel von Shampoo, Sirup, Glycerin und Wasser

Zeit: 5 Min. + 1 Nacht Ruhezeit
Menge: 300 ml Flüssigkeit
Material: Schüssel, Esslöffel, Tasse, Schraubverschlussglas

Alle Zutaten nacheinander in die Schüssel geben und gut miteinander verrühren, bis sich der Zuckerrübensirup vollständig aufgelöst hat.
Die Flüssigkeit über Nacht stehen lassen, sodass alle entstandenen Luftbläschen aus ihr entweichen.
Am nächsten Tag ist die Lösung einsatzbereit.

Hinweise:

- Es lassen sich große, stabile Seifenblasen mit schönen Schlieren und Farben herstellen. Es entsteht eine Art Kristall- bzw. Krakeleffekt auf der Oberfläche der Seifenblasen.
- Eine Seifenblase hält im Durchschnitt ca. eine Minute!

Praxistipps zu „Seifenblasen"

- Zum Aufblasen der Seifenblasen eignet sich ein Strohhalm, dessen Ende kreuzweise eingeschnitten und auseinandergespreizt wird.
- Auch ein Trichter kann verwendet werden. Das breite Ende in die Flüssigkeit tauchen, in sein schmales Ende pusten.
- Teile von Tortengarnierspitzen oder kleine Papprollen eignen sich ebenfalls dazu, Seifenblasen herzustellen. Wichtig dabei ist, dass alle Teile mit Seifenblasenflüssigkeit benetzt werden, sonst zerplatzen die Blasen schnell.
- Chenilledraht (im Hobbyfachandel erhältlich) lässt sich zu einem Seifenblasenring biegen. Es kann aber auch Draht zurechtgebogen werden, der mit einem Wollfaden oder einer Mullbinde eng und stramm umwickelt wird.

- Ein Stück Draht durch einen Schnürsenkel (er sollte innen hohl sein) fädeln und dann zurechtbiegen – auch so lässt sich ein Pustering herstellen.

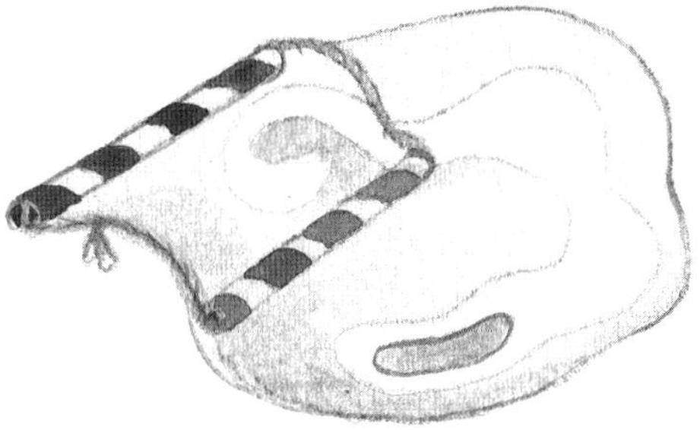

- Ein ca. 1 Meter langer Wollfaden durch zwei Strohhalme (ohne Knick) fädeln und die Enden verknoten. Wenn das Ganze jetzt auseinandergezogen wird, entsteht ein Viereck. Die Strohhalme, wieder zusammengelegt, in die Seifenblasenflüssigkeit tauchen und beim Herausholen vorsichtig auseinanderziehen, sodass sich im Viereck ein Seifenblasenfilm bildet. Wird das Viereck jetzt vorsichtig durch die Luft gezogen, entsteht mit ein wenig Geschick und Übung eine Seifenblase.
- Einen Papierschnipsel auf eine Seifenblase legen und mit etwas Übung und Geschick schwebt dieser mit ihr durch den Raum.
- In einem Einmachglas lassen sich die Blasen einige Zeit konservieren. Dazu in ein großes Einmachglas ein kleines umgedreht hineinstellen, sodass das kleine Glas zu einer Art „Podest" wird. Alles gut mit Seifenlauge benetzen. Jetzt eine Seifenblase auf das „Podest" pusten und das große Einmachglas mit einem Deckel verschließen. Jetzt ist die Seifenblase auf ihrem Podest vor Staub und Luftzug geschützt. Wie lange hält die Blase im Glas durch, ohne zu zerplatzen?
- Eine gefrorene Seifenblasenkugel lässt sich im Gefrierfach herstellen. Einfach eine Seifenblase mit dem Pustering wieder einfangen und zusammen einfrieren. Alle Teile, die mit der Seifenblase in Berührung kommen, dabei mit der Seifenblasenflüssigkeit benetzen.

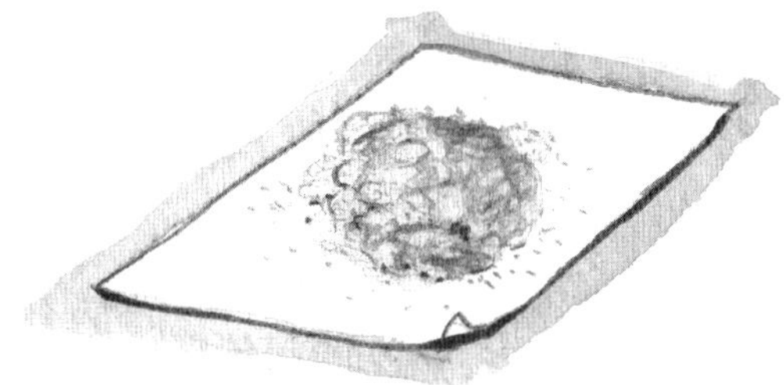

- Werden einige Tropfen Lebensmittelfarbe unter die Seifenblasenflüssigkeit gemischt, kann man die Blasen auf Papier pusten. Es entstehen Abdrücke der zerplatzten Seifenblasen.

Einfache Seifenblasenspiele

- Wessen Seifenblase fliegt am höchsten, am weitesten oder zerplatzt als Letzte?
- Wer schafft es, eine Seifenblase mit dem Pustering wieder aufzufangen und dann mit dieser Blase gegen eine andere zu stoßen, ohne das diese zerplatzt?
- Wer hält seine Seifenblase am längsten, durch Pusten von unten, in der Luft?
- Eine Seifenblase kann auch über ein Seil, Netz oder eine andere Person gepustet werden.
- Wer schafft es, eine Seifenblase zu fangen, ohne dass sie auf der Handfläche zerplatzt? Die Hände dazu mit Seifenblasenflüssigkeit einreiben.
- Eine Schüssel mit Seifenblasenflüssigkeit füllen. Mit einem Strohhalm pusten alle Beteiligten in die Flüssigkeit und versuchen durch Schaumbildung die Schüssel überlaufen zu lassen.
- An einem Strohhalm einen Luftballon befestigen. Diesen durch den Strohhalm aufblasen. Nun den Strohhalm in ein mit Seifenblasenlösung befülltes Gefäß halten. Die Luft aus dem Ballon entweicht und lässt durch den Strohhalm die Seifenblasen entstehen.
- Wer schafft es, auf einer mit Seifenblasenflüssigkeit benetzten Glasplatte gleich mehrere Seifenblasen abzulegen? Vielleicht gelingt es auch, sie zu stapeln oder kreativ anzuordnen?
- Mit dem Licht einer Taschenlampe angeleuchtet, sehen die Seifenblasen noch schöner und geheimnisvoller aus.

Überraschungsseife

So macht Händewaschen Spaß! Am Ende bleibt sogar noch eine kleine Überraschung übrig.

Zeit: 30 Min. + 1 Nacht Auskühlzeit
Menge: 500 g Seife
Material: mikrowellengeeignete Schüssel, Sparschäler oder Gemüsereibe, Eiswürfelgefrierbehälter oder kleine Förmchen, evtl. kleine Gegenstände wie Würfel, Murmeln, Rosenblätter, Lavendel, Glitzer, Topflappen, Löffel, Pergamentpapier, Folie

Die Seife mit einer Reibe oder einem Sparschäler zu kleinen Spänen verarbeiten.
Die Späne in die Schüssel geben und in der Mikrowelle erhitzen, bis die Seife flüssig ist (im Garraum der Mikrowelle beobachten).
Die flüssige Seife herausnehmen und mit Lebensmittelfarbe und Parfüm oder Öl mischen. Vorsicht, die Seife ist heiß, evtl. Topflappen und Löffel beim Umrühren verwenden!
Die fertige Seifenflüssigkeit in Formen gießen (Eiswürfelbehälter, Förmchen etc.).
Nach Wunsch noch kleine Gegenstände (s. o.) in die Flüssigkeit geben. Diese Sachen sehen nicht nur dekorativ aus, sondern fordern auch dazu heraus, sie durch Benutzung der Seife herauszuwaschen.
Zum Abkühlen die Seife über Nacht stehenlassen. Am nächsten Tag die Seife aus den Formen holen und evtl. noch schön verpacken, z. B. in Pergamentpapier, Folie etc.

Hinweis:

- Die Seife kann auch in mehreren farbigen Schichten hergestellt werden. Zuerst nur eine dünne, farbige Schicht Seife in ein Förmchen füllen. Ist die Schicht fest geworden, eine neue farbige Schicht darüber gießen usw.

Praxistipps:

- Die schöne, selbstgemachte Seife motiviert die Kinder zum Händewaschen.
- Die Seife eignet sich auch gut als Geschenk, z. B. zum Muttertag oder zu Weihnachten.

Zutaten

- ✔ 1 Stück Glycerinseifenmasse (ca. 500 g, Hobbyfachhandel oder Internetshop)
- ✔ evtl. 10 ml Lebensmittelfarbe
- ✔ evtl. 5 Tropfen Parfüm oder Öle wie Rosenöl, Mandelöl, Zitronenöl als Duftstoff

1 ×
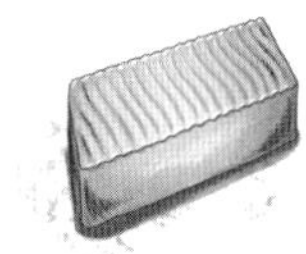

1 ×

5 ×
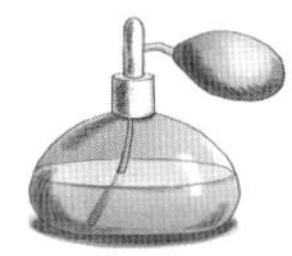

Zutaten

- ✔ 100 g Kernseife
- ✔ 20 ml Zitronensaft
- ✔ 15 g Kartoffelstärke
- ✔ 50 ml heißes Wasser

1 ×

2 ×

2 ×

5 ×

Cremige Zitronenwaschbälle

Cremiger Waschspaß für alle, die gerne individuelle, selbst kreierte Seife nutzen

Zeit: 30 Min. + Trocknungszeit
Menge: ca. 4 Seifenbälle (150 g)
Material: Schüssel, Sparschäler oder Gemüsereibe, Esslöffel

Die Kernseife mit dem Sparschäler oder der Gemüsereibe zu feinen Spänen verarbeiten. 100 g Seife ergeben ca. 4 Tassen Seifenspäne.
Die Kernseifenspäne in die Schüssel geben und mit dem Zitronensaft vermischen. Die Kartoffelstärke und das heiße Wasser auf die Späne geben und alles mit den Händen gut durchkneten. Es entsteht ein cremiger Seifenteig.
Den Seifenteig mit den Händen zu Kugeln formen und bei Raumtemperatur mehrere Tage trocknen lassen. Die Zitronenseife ist fertig für den Gebrauch.

Hinweise:

- Bevor die Späne mit dem heißen Wasser verknetet werden, vorsichtig testen, ob die Masse noch zu heiß und somit noch nicht zum Kneten geeignet ist.
- Ist der Seifenteig zu fest, kann noch etwas Wasser nachdosiert werden.
- Um eine noch intensiver duftende Zitronenseife herzustellen, eine Zitrone zerteilen und in Wasser auskochen. Dieses Zitronenwasser anstelle des normalen Wassers nutzen, so verstärkt sich der Zitronengeruch.
- Die Seife kann auch in anderen Duftrichtungen hergestellt werden, z. B. eignen sich als Zugabe ein paar Tropfen verschiedener ätherischer Öle oder Parfüme. Es können auch Rosenblätter oder Zitronengras über Nacht in Wasser eingeweicht werden. Das aromatisierte Wasser eignet sich dann zur Herstellung der Seifen. Hier sind der Fantasie kaum Grenzen gesetzt, jedoch sollte auf eventuelle Allergien des Nutzers geachtet werden.
- Während der Trocknungszeit die Waschbälle immer mal wieder umdrehen und eventuell vorsichtig nachformen.

Praxistipps:

- Die Seifenbälle sind ein schönes Geschenk, können aber natürlich auch selbst genutzt werden.
- Die Seife kann dekorativ in Schachteln, Kartons oder Papier verpackt werden. Zur Gestaltung der Verpackungsmaterialien eignen sich viele verschiedene Farben-, Kleber- und Modelliermassen-Rezepte, die in diesem Buch vorgestellt werden.
- Seifenbälle sind sehr dekorativ, vor Ostern können sie z.B. auch eiförmig hergestellt werden.
- In die Seifenbälle kann ein schönes farbiges Band eingearbeitet werden. Das Band ragt aus der Seife heraus und diese kann, so aufgehangen, schön verpackt werden.

Massageöl

Ein Geschenk zur Entspannung oder für die Selbstanwendung

Zeit: 5 Min.
Menge: 80 ml Öl
Material: Becher, Esslöffel, verschließbares Glas

Das Pflanzenöl und das ätherische Öl im Becher mischen. Die Mischung in das Gefäß umfüllen und verschließen. Fertig ist das Massageöl!

Zutaten

- ✔ 80 ml Pflanzenöl (z. B. Mandelöl, Sesamöl, Distelöl)
- ✔ 6 Tropfen 100% ätherisches Öl (Apotheke, Reformhaus)

8 ×

6 ×

Hinweise:

- Bei der Nutzung ätherischer Öle sollte immer auf die Hautverträglichkeit des Öls und eventuelle Allergien des Nutzers geachtet werden.
- Ätherische Öle haben verschiedene Eigenschaften, sie helfen z.B. gegen Erkältungen, entspannen oder beleben. Hier ist der persönliche Geschmack des Nutzers ausschlaggebend.
- Es können viele verschiedene Pflanzenöle als Grundsubstanz genutzt werden, auch hier kommt es auf die Verträglichkeit und den Geschmack des Nutzers an.

Praxistipp:

- Das Massageöl kann selbst verwendet oder auch verschenkt werden, vielleicht sogar zusammen mit einem „Massage-Gutschein“.

Zutaten

- ✔ 250 ml Wasser
- ✔ 250 ml Speiseöl
- ✔ 1 Spritzer Lebensmittelfarbe (Farbe nach Wunsch)

Das Geheimnis der Schüttelflasche

Ein erstaunliches Rezept, in eine kleine Flasche gepackt.

Zeit: 10 Min.
Menge: 500 ml Flüssigkeit
Material: leere, saubere, durchsichtige PVC-Flasche mit Verschluss (ca. 500 ml Fassungsvermögen), Trichter, Schüssel, evtl. Kleber, evtl. Flitter/Glitzer, evtl. Tinte und Salz

Wasser und Lebensmittelfarbe in der Schüssel mischen. Mit einem Trichter das Gemisch in die leere Flasche füllen. Das Öl mit dem Trichter in die Flasche geben und diese gut verschließen. Fertig!

Hinweise:

- Wer sicher gehen möchte, dass die Kinder die Flasche nicht öffnen können, gibt an die Innenseite des Flaschendeckels noch etwas Kleber.
- Der Inhalt der Flasche wird noch interessanter, wenn die Farbe des Wassers gelegentlich ausgewechselt wird oder Glitzer bzw. Flitter mit ins Wasser gemischt wird.
- Der Inhalt der Flasche sollte nach ca. 2–3 Wochen ausgetauscht werden, sonst wird er unansehnlich und verdirbt.

Praxistipps:

- Öl und Wasser trennen sich voneinander, wenn die Flasche geschüttelt wird. Das gefärbte Wasser setzt sich am Boden der Flasche ab, da es schwerer ist als das Öl.
- Die Flaschen eignen sich zum Schütteln und Experimentieren.

Variante

Das oben genannte Öl-Wassergemisch in ein Glas geben. Die Ölschicht befindet sich oben, die Wasserschicht unten. Ein paar Tropfen Tinte auf die oberste Schicht Öl tropfen. Das Salz in das Glas streuen, es fällt durch die Ölschicht und nimmt ein wenig Tinte von der Oberfläche mit. Das Salz löst sich am Boden des Glases auf, gibt eine Tinten-Ölkugel frei, die langsam nach oben steigt. Es entsteht eine Art „Lavalampeneffekt“.

Prickelnde Badebällchen

Prickelnder Badespaß zum Verschenken oder Selbst nutzen

Zeit: 30 Min. + Trocknungs- bzw. Abkühlzeit
Menge: ca. 6 Badebällchen (250 g)
Material: Wasserbad, Esslöffel, Schüssel, evtl. Eiskugelformer, „Meatballmaker“, Verzierungen bzw. Duftstoffe wie Zuckerstreusel, Blüten-Teeblätter, Parfüm, verschiedene Öle etc., evtl. Küchen- oder Einmalhandschuhe

Das Kokosfett im Wasserbad zum Schmelzen bringen.
Natron, Zitronensäure und Kartoffelstärke in einer Schüssel mischen.
7 Esslöffel des geschmolzenen Fettes dazugegeben und alles gut mit den Händen kneten.
Ist für die Badebällchen ein bestimmter Duft oder eine bestimmte Farbe vorgesehen, diese ebenfalls unter die Mischung geben.
Der Teig sollte sich geschmeidig, aber nicht ölig und auch nicht bröselig anfühlen. Gegebenenfalls noch etwas Öl oder Kartoffelstärke dazugeben.
Den Teig mit den Händen zu Bällchen rollen und zum Trocknen auslegen. Fertig!

Hinweise:

- Zum Kneten der Badebällchenmasse Küchen- oder Einmalhandschuhe verwenden. Dies schützt die Hände vor Farbe. Bei kleineren Wunden an den Händen kann die konzentrierte Zitronensäure unangenehm sein, auch hier helfen Handschuhe.
- Die Badebällchen müssen 2–3 Tage an einem kühlen Ort aushärten. Schneller geht es, wenn sie in den Kühlschrank gelegt werden.
- Die Badebällchen lösen sich sprudelnd im Wasser auf und geben ihre Farbe und den Duft an das Wasser ab.
- In die Badebällchen können auch noch Blüten oder Teeblätter, Glitter oder Zuckerstreusel verarbeitet werden. Sie verzieren die Bällchen und machen sie individuell. Dabei jedoch bedenken, dass alles, was zusätzlich in die

Zutaten

- ✔ 100 g Kaiser-Natron
- ✔ 50 g Zitronensäure (Backzutat)
- ✔ 2 EL Kartoffelstärke
- ✔ 70 g Palmin Kokosfett
- ✔ evtl. 10 Tropfen ätherisches Öl oder anderer Duftstoff, Rosenwasser, Zitrone etc.
- ✔ evtl. 1 Spritzer Lebensmittelfarbe

Bällchen eingearbeitet wird, später auch im Badewasser landet.

- Bei Erkältungen sind eingearbeitete Öle, z. B. von Minze und Latschenkiefer hilfreich. Es können aber, je nach Geschmack, auch Kakaobutter, Sheabutter, Jojobaöl verwendet werden.
- Bei allen Zutaten muss auf Allergien des späteren Nutzers geachtet werden.
- Die Badebällchen können, statt mit der Hand, auch mit einem Eiskugelformer oder „Meatballmaker" geformt werden.
- Die Badekugeln können auch aus zwei farblich unterschiedlichen Hälften bestehen. Hierfür zuvor zwei verschiedenfarbige Badebällchenteige herstellen.

Praxistipp:

- Die Badebällchen können ein schönes, individuelles Geschenk sein, z. B. zum Muttertag oder zu Weihnachten.

Vogelfutter für Amsel, Drossel und Co.

Genau das Richtige für hungrige Weichfutterfresser im Winter

Zutaten

- ✔ 150 ml Sonnenblumenkernöl
- ✔ 200 g Sultaninen, ungeschwefelt
- ✔ 300 g Haferflocken

1 ×

2 ×

3 ×

Zeit: 5 Min. + Einwirkzeit
Menge: 650 g Vogelfuttermasse
Material: Eimer, Becher, Tasse, Esslöffel

Die Haferflocken mit den Sultaninen in den Eimer geben und vermengen.
Das Öl hinzugeben und alles gut durchkneten.
Die Masse ca. 1 Stunde an einen kühlen Ort stellen, sodass die Haferflocken das Öl gut aufsaugen können. Fertig!

Hinweise:

- Amseln, Drosseln, Rotkehlchen und Stare sind Weichfutterfresser. Diese Vögel fressen tierische Kost oder nur sehr feine Sämereien. Daher sind Haferflocken, Rosinen und Öl (als Ersatz für die tierische Kost) richtig.
- Die meisten reinen Weichfutterfresser nehmen diese Vogelfuttermischung bevorzugt zerbröselt vom Boden auf.

Praxistipp:

- Im Rahmen eines Projektes, z. B. „Tiere im Winter", kann die Mischung hergestellt und den Vögeln angeboten werden.

Vogelfutter für Meisen, Finken und Co.

Genau das Richtige für hungrige Körnerfutterfresser im Winter

Zeit: 15 Min. + Abkühlzeit
Menge: ca. 900 g Vogelfuttermischung
(ca. 10 Futterknödel oder 3 Futterglocken bei Topfdurchmesser von 10 cm)
Material: Kochtopf, Tasse, Esslöffel, evtl. Terrakottablumentopf (Ø ca. 10 cm), Obstnetze von Mandarinen, Zitronen etc., Paketband, Stöcke, Walnussschalenhälften, Blumendraht, Bohrer, halbe Kokosnussschalen

Das Fett in den Topf geben und bei mittlerer Hitze auflösen (nicht zu heiß werden oder kochen lassen). Das aufgelöste Fett vom Herd nehmen und etwas abkühlen lassen. Die Vogelfuttermischung unterrühren, bis eine homogene Masse entsteht.
Sobald die Mischung abkühlt und langsam fest wird, kann sie in „Form" gebracht werden (siehe Praxistipps).

Hinweise:

- Meisen, alle Finkenarten, Sperlinge etc. sind Körnerfresser.
- Anstelle von Kokosfett kann auch Rindertalg vom Metzger verwendet werden. Dieser darf beim Erwärmen aber nicht kochen oder anfangen zu rauchen, sonst stinkt er und ist verdorben.

Praxistipps:

- Im Rahmen eines Projektes, z.B. „Tiere im Winter" kann die Körnermischung hergestellt und den Vögeln in folgenden Varianten angeboten werden:
- Aus der langsam fest werdenden Mischung mit angefeuchteten Händen Knödel formen. Die Knödel eventuell noch in der restlichen Körnermischung wälzen. Die Körner bleiben so außen am Futterknödel haften. Die fertigen Knödel in ein Obstnetz geben, mit dem Paketband versehen und so aufhängen, dass die Vögel sie gut erreichen können.

Zutaten

- ✔ 250 g Kokosfett
- ✔ 600 g Vogelfuttermischung (Zoohandlung, Supermarkt)
- ✔ 30 g Sonnenblumenkernöl

1 × 

4 ×  

3 ×  

ca 12 Futterglocken

2400 Vogelfutter
120g Öl
750g Kokosfett

- Einen Terrakottablumentopf verzieren, z.B. mit der Serviettentechnik oder mit Stiften, Pinseln etc. bemalen. In den Topfboden einen kleinen Stock legen und mit einem Paketband versehen. Das Paketband durch das Loch am Topfboden ziehen, der Stock verhindert so das Herausrutschen des Bandes. Die lauwarme Körnermasse in den Topf füllen und einen zweiten Stock in die Masse stecken. Dieser sollte mindestens 10 cm aus dem Topf herausragen. Wenn die Masse fest geworden ist und der Topf aufgehängt wird, können sich die Vögel daran festhalten. (siehe Bild).
- Anstelle von Terrakottatöpfen können auch halbe Kokosnussschalen verwendet werden. In die obere Hälfte der Schale ein Loch bohren. Das Paketband hindurchziehen und gut verknoten, sodass das Band nicht mehr herausrutschen kann. Die Schale mit der warmen Vogelfuttermasse füllen, das Stöckchen zum Festhalten für die Vögel nicht vergessen und aufhängen.
- In die Walnussschalenhälften am oberen Ende ein Loch bohren und ein Stück Blumendraht hindurchziehen. Die Hälften mit der warmen Vogelfuttermasse füllen. Sind vom Knacken der Walnüsse noch Kerne übrig, können diese gehackt und ebenfalls in die Vogelfuttermasse gegeben werden. Ist die Masse in den Walnussschalenhälften erkaltet, können diese, wie an einer Wäscheleine, mit dem Draht an der Paketschnur befestigt werden (mit ca. 20 cm Abstand von Schale zu Schale). Jetzt kann die „Vogelfutter-Wäscheleine“ für die Vögel draußen aufgehangen und zum Verzehr freigegeben werden.

Kurioses

Alle Rezepte, die einen interessanten Herstellungsprozess haben, die etwas ungewöhnlich, eben kurios sind und so zum Staunen, Schmunzeln, Grübeln und Experimentieren anregen, sind in diesem Kapitel versammelt.

Zutaten

- ✔ 600 ml Wasser
- ✔ 2 Bananenschalen
- ✔ 6 Eisennägel
- ✔ 10 ml weißer Haushaltsessig

3 ×

2 ×
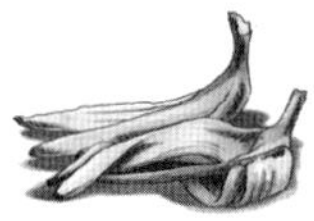

6 ×

1 ×

Die berühmte Eisen-Bananen-Tinte

Aus alten Bananenschalen nützliche „Schreibflüssigkeit" herstellen

Zeit: 60 Min. + Abkühlzeit + evtl. Absetzzeit
Menge: 100 ml Tinte
Material: Messer, Schneidebrett, Kochtopf, Tasse, Esslöffel, Draht-Küchensieb, Schüssel, Schraubverschlussglas, evtl. Gänse/Entenfedern

Die Schalen der Bananen mit dem Messer auf dem Schneidebrett kleinschneiden.
Die Schalenstücke mit dem Wasser in den Kochtopf geben. Bei geschlossenem Deckel ca. 20–30 Min. aufkochen, bis sie weich werden.
Den Sud aus gekochten Bananenschalen durch das Drahtsieb drücken und in einer Schüssel auffangen.
Mit einem Löffel noch etwas auf die Schalen drücken und so die Flüssigkeit auspressen.
Den Sud aus der Schüssel in den Kochtopf schütten, Eisennägel und Haushaltsessig dazugeben.
Alles noch einmal ca. 20–30 Min. aufkochen, bis die Flüssigkeit auf ein Drittel bis ein Viertel reduziert ist.
Alles durch das Drahtsieb schütten und die dunkel gewordene Flüssigkeit in einer Schüssel auffangen.
„Die Tinte" über Nacht stehen lassen. Die ungelösten Inhaltsstoffe setzen sich als Bodensatz ab.
Am nächsten Tag die Tinte vorsichtig (ohne Bodensatz) in ein Schraubverschlussglas umfüllen. Die Tinte ist fertig für ihren Einsatz.

Hinweise:

- Vorsicht beim Umgang mit heißen Flüssigkeiten!
- Das Eisen aus den Nägeln verbindet sich mit den Gerbstoffen in der Banane und lässt die Flüssigkeit dunkel werden.
- Die Tinte kann auch mit Bodensatz verwendet werden. Sie enthält dann mehr Schwebstoffe als die dekantierte Variante.
- Die Tinte dunkelt beim Trocknen auf Papier noch nach.

Praxistipps:

- Die Tinte kann mit einem Federkiel aufgetragen werden. Die Gänse- bzw. Entenfedern unten anspitzen und die Spitze leicht anritzen, dabei an der Form einer Füllerspitze orientieren.
- Die Federn selbst zu sammeln und gegebenenfalls zu bearbeiten, ist eine zusätzliche Motivation für die Kinder.
- Die Tinte eignet sich für erste Schreib- und Zeichenübungen oder einfach zum Experimentieren.

Holunderbeeren-Tinte und Co.

Tinte aus den Zutaten der Natur ganz einfach selbst herstellen

Zeit: 5 Min.
Menge: 200 ml Flüssigkeit
Material: Tasse, Esslöffel, Teelöffel, Schraubverschlussglas, evtl. Gänsefederkiel

Zutaten

- ✔ 200 ml Holundersaft (➔ S. 34)
- ✔ 10 ml weißer Haushaltsessig
- ✔ 5 g Salz

1 ×  

1 ×  

1 ×  

Der Essig und das Salz mit dem Holundersaft im Schraubverschlussglas mischen.
Wenn der Saft von der Zubereitung (➔ S. 34) noch warm ist, löst sich das Salz besonders gut auf. Die Tinte ist fertig für den Gebrauch.

Hinweise:

- Da sich die Tinte nur schwer entfernen lässt, bei der Herstellung einen Kittel oder alte Kleidung tragen.
- Die Tinte hält sich in einem Schraubverschlussglas mehrere Wochen.
- Die grünen, fleischigen Walnussschalen können ebenfalls zur Tintenherstellung genutzt werden. Dazu die Walnussschalen mit Wasser kochen und den entstandenen Sud durch ein Sieb in eine Schüssel gießen (➔ S. 37). Essig und das Salz dazugeben – die Tinte ist fertig.
- Essig und Zitronensaft enthalten Säure und eignen sich deshalb sehr gut dazu, „Geheimschriften“ anzufertigen. Schreibt man damit auf ein Blatt, ist nach dem Trocknen keine Schrift mehr zu erkennen. Bügelt der Empfänger der Nachricht das Blatt, oder hält er vorsichtig eine Flamme unter das Papier, sodass es sich erhitzt, wird die Schrift sichtbar (Vorsicht beim Umgang mit heißen Gegenständen oder Feuer!).

Praxistipps:

- Würfelzucker auf ein festes, weißes, mithilfe einer Sprühflasche angefeuchtetes Papier legen. Auf den Würfelzucker ein paar Tintentropfen geben (z.B. mit einer Pipette). Die Tinte verläuft langsam mit dem Würfelzucker und es entstehen schöne abstrakte Muster auf dem weißen Papier.
- Interessant ist es auch, wenn die Kinder ihr Schreibwerkzeug selbst suchen und herstellen. Eine Gänsefeder bzw. ein Federkiel am unteren Teil anspitzen, in die Tinte tauchen und los geht es mit dem Schreiben oder Zeichnen.
- Als Schreibwerkzeug für die Kinder kann auch ein alter, vorher gut gesäuberter Füller dienen. Aber auch mit einer Pipette, einem dünnen Pinsel oder einem Zahnstocher kann gut geschrieben oder gezeichnet werden.

Badesalz

Zutaten

- ✔ 300 g grobes Meersalz (Drogerie, Apotheke, Internetshop)
- ✔ 10 ml Lebensmittelfarbe
- ✔ 5 Tropfen Duftöl

2 ×

1 ×

5 ×

Ganz einfach selbst gemacht und mit einem hohen Entspannungsfaktor

Zeit: 10 Min. + Trocknungszeit
Menge: 300 g Badesalz
Material: Schüssel, Tasse, Esslöffel, luftdichtes Gefäß mit Deckel

Das grobe Meersalz in eine Schüssel geben und mit der Lebensmittelfarbe färben.
Über Nacht, z.B. auf der Heizung, stehen lassen, um die überschüssige Flüssigkeit verdunsten zu lassen.
Am nächsten Tag das Duftöl zugeben und alles gut verrühren. Die Salzkristalle können etwas aneinanderkleben, deshalb kurz alles grob mit den Händen zerkleinern.
Das Badesalz in ein luftdichtes Gefäß geben und verschließen. Fertig!

Hinweise:

- Das Duftöl kann je nach Belieben ausgesucht werden (z.B. Rosen-, Zitronen-, Orangenduft etc.)
- Das Badesalz hält sich mehrere Monate.

Praxistipp:

- Das Badesalz kann ein schönes, individuelles Geschenk sein, z.B. zum Muttertag oder zu Weihnachten.

Schuhcreme aus Bienenwachs

Schuhcreme für Lederschuhe einfach und günstig selbst herstellen!

Zeit: 15 Min. + Abkühlzeit
Menge: 150 g Schuhcreme
Material: Wasserbad, Schüssel, Esslöffel, Teelöffel, saubere Dose

Alle Zutaten nacheinander in die Schüssel geben und im Wasserbad erhitzen.
Sind die Zutaten geschmolzen, die Schüssel aus dem Wasserbad nehmen und mit einem Löffel alles gut verrühren.
Die fertige Mischung in die Dose füllen und kühl stellen.
Wenn die Masse fest und kalt geworden ist, ist sie einsatzbereit.

Hinweise:

- Die Schuhcreme eignet sich nur für Lederschuhe.
- Sie hält in einer verschlossenen Dose mehrere Monate.

Praxistipps:

- Das Rezept könnte im Rahmen eines Projektes „Alte Berufe" eingesetzt werden. Dabei wird dann über Schuster gesprochen, ein Schuster besucht, die Schuhcreme hergestellt und später werden damit Lederschuhe mit Tuch, Bürste und Creme gereinigt.
- Aber auch im Rahmen eines Projektes zum Thema „Fußgesundheit" kann die Creme hergestellt werden. Dabei wird über die richtige Schuhgröße gesprochen, mit den nackten Füßen über verschiedene Untergründe gelaufen, es werden Fußabdrücke hergestellt und die Schuhe mit der selbst hergestellten Schuhcreme gepflegt.
- Natürlich ist die selbst hergestellte Schuhcreme auch ein schönes Geschenk.

Zutaten

- ✔ 60 ml Sojaöl (Supermarkt)
- ✔ 10 g reines Bienenwachs (Apotheke)
- ✔ 60 g Lanolin (Apotheke)

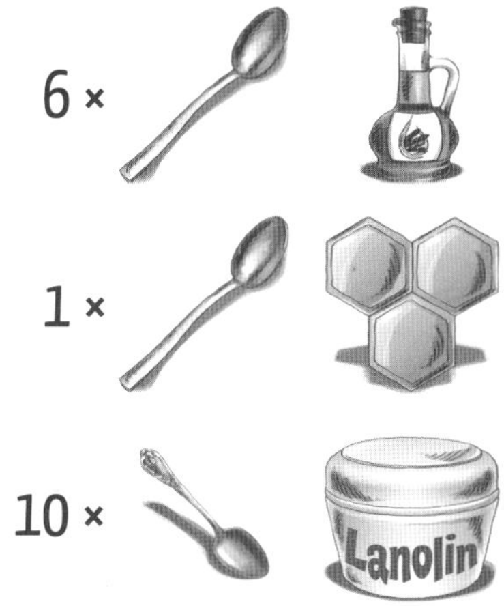

Zutaten

- ✔ 6 g Kartoffelstärke
- ✔ 4 Tropfen Maiskeimöl
- ✔ 10 ml Wasser
- ✔ 1 Spritzer Lebensmittelfarbe

2 ×

4 ×

1 ×

1 ×

Der Flummi aus der Mikrowelle

Tüte auf, Masse rein, Mikrowelle an, Flummi raus!

Zeit: 5 Min. + ca. 60 Min. zum Abkühlen und Aushärten
Menge: 1 Flummi
Material: 1 Zip-Lock-Tüte (Gefrierbeutel mit einer Art „Reißverschluss"), Mikrowelle, Teelöffel, Esslöffel, evtl. Haushaltshandschuhe oder Topflappen

Die Zutaten in die Tüte geben und die Tüte verschließen.
Durch die geschlossene Tüte alles mit den Händen durchkneten.
Den zähflüssigen Teig, soweit es geht, in eine Ecke der Tüte drücken.
Den Gummi-Teig in die Mikrowelle geben. Die höchste Stufe einstellen und die Mikrowelle starten.
Wenn sich die Tüte mit dem Teig aufbläht, die Mikrowelle stoppen und die Tüte entnehmen.
Vorsicht, die Tüte ist sehr heiß! Zum Herausnehmen am besten Haushaltshandschuhe oder einen Topflappen verwenden.
Die entstandene „Flummi-Masse" zügig verarbeiten, da sie sehr schnell abkühlt und aushärtet.
Am besten eine Ecke der Tüte abdrehen, so wird der Teig in eine Ecke gedrückt und erhält schon grob seine runde Flummi-Form.
Den Teig aus der Tüte holen und zwischen den Handflächen zu einer Kugel rollen.
Vorsicht, der Teig könnte noch heiß sein und die „Leitung" sollte hier unterstützend zur Seite stehen, bis der Teig soweit abgekühlt ist, dass die Kinder ihn alleine rollen können!
Je runder und gleichmäßiger die Form des Flummis ist, desto besser springt er später.
Der entstandene Flummi muss ca. 1 Stunde abkühlen und aushärten (zwischendurch immer wieder die Sprungeigenschaften testen).
Während dieser Zeit den Flummi mehrmals wenden, damit er von allen Seiten gut antrocknet und aushärtet. Der Flummi ist jetzt einsatzbereit.

Hinweise:

- Der Flummi-Teig aus der Mikrowelle ist am Anfang sehr heiß. Hier sollte die „Leitung“ die Kinder unterstützen und Haushaltshandschuhe oder Topflappen verwenden.
- Beim Flummiformen ist etwas Übung und Experimentierfreude gefragt. Der Flummi hüpft nicht so hoch wie ein gekaufter, aber 1,5 m Höhe werden im Durchschnitt erreicht.
- Der Flummi härtet im Laufe des Tages weiter aus und verändert seine Sprungeigenschaften. Wenn er nach Tagen völlig ausgehärtet ist, sind die Sprungeigenschaften nicht mehr ausreichend und der „Flummi“ kann als Murmel weiterverwendet werden.

Praxistipps:

- Ein Flummi-Weit- oder Hochhüpfen mit den Kindern veranstalten.
- Einen Flummi-Hindernisparkour aufbauen, wie z.B. den Flummi in eine Kiste oder über ein Hindernis (z.B. einen Wäschekorb) hüpfen lassen.
- Ist der Flummi nur noch als Murmel geeignet, bieten sich verschiedene Murmelspiele an (in Löcher rollen, andere Murmeln treffen etc.)

Zuckerkreide

Intensiveres Farbergebnis durch Zuckerwasser

Zeit: 20 Min.
Menge: 2 dicke Straßenmalkreiden
Material: Becher, Teelöffel, Schüssel, Küchenpapier

Das lauwarme Wasser in die Schüssel schütten und den Zucker darin auflösen.
Die Kreide dort hineinlegen und ca. 20 Min. einweichen. Die Kreide saugt sich voll Wasser. Die Kreide aus dem Wasser holen und kurz auf einem Küchenpapier abtropfen. Fertig!

Zutaten

- ✔ 300 ml lauwarmes Wasser
- ✔ 20 g Zucker
- ✔ 2 dicke Straßenmalkreiden

1 ×

5 ×

2 ×

Hinweise:

- Der Zucker dient als Bindemittel, sodass die Farbe besser auf dem Papier haftet und mehr Leuchtkraft besitzt.
- Sollen die Zeichnungen fixiert werden, kann man Fixativ oder Haarspray verwenden.
- Die“ eingelegten“ Kreiden lassen sich leicht auftragen.

Praxistipp:

- Die Kreide kann zum Malen auf verschiedenen Untergründen wie z.B. Papier, Pappe oder Holz verwendet werden.

Zutaten

- 200 g Gips
- 200 ml Wasser
- 200 ml Fingerfarbe (Farbe nach Wahl)

Gips-Kreide

Günstig und einfach Kreide selbst herstellen

Zeit: 10 Min. + Trocknungszeit
Menge: ca. 8 Kreidestücke
Material: Tasse, alte Schüssel oder Eimer, Eierkartons, evtl. Gelatine

Wasser, Gips und Fingerfarbe in Schüssel oder Eimer mischen. Zügig arbeiten, da der Gipsbrei schnell trocknet.
Die Eierkartons umdrehen und den Gips in die Vertiefungen schütten (siehe Bild).
Der Brei muss ca. drei Tage trocknen.
Die fertige Kreide vom Eierkarton befreien. Fertig!

Hinweise:

- Anstelle der Fingerfarbe kann auch Lebensmittelfarbe oder Naturfarbe (→ S. 30 ff.) verwendet werden.
- Bevor die Kreide ganz durchgetrocknet ist, kann sie schon nach ca. einem Tag von dem Eierkarton befreit werden. Die feuchten Eierkartonreste lösen sich dann noch besser von der Kreide. Es ist aber auch kein Problem, den Karton erst nach den drei Tagen zu entfernen. Sollte noch etwas Karton an der Kreide haften, reibt er sich später beim Malen auf Asphalt von selbst ab.
- Als Form können auch Toilettenpapierrollen, Pappröhren, Pappbecher verwendet werden (bei den Röhren bzw. Rollen einfach eine Seite zukleben).
- Versetzt man den Gips (zum Modellieren) mit ein wenig Gelatine, bekommt die Oberfläche des Gipses eine feinere Struktur, gleichzeitig schließt die Gelatine die Poren des Gipses und er lässt sich besser anmalen.

Praxistipps:

- Besonders schön ist es, wenn mehrere verschiedenfarbige Gipsbreie hergestellt werden und dann schichtweise in die Eierkartons gefüllt werden. Es entsteht ein Kreidestück mit unterschiedlichen Farbschichten.
- Der Gipsbrei lässt sich natürlich nicht nur als Kreideersatz verwenden, sondern er kann in viele Formen gegossen bzw. modelliert werden.

Straßenkreide aus Eierschalen

Recycling von Eierschalen zu kreativen Zwecken

Zeit: 15 Min. + Trocknungszeit
Menge: 1 Stück Kreide
Material: Mörser mit Stößel oder sauberer dicker Stein mit Schneidebrett aus Holz, Mixer, Tasse, Teelöffel, leerer Eierkarton

Mit dem Mörser und dem Stößel oder mit einem dicken Stein auf einem Schneidebrett die Eierschalen zu feinem Pulver zerreiben.
Damit das Pulver wirklich fein wird, die Eierschalen nachträglich noch einmal in einem Mixer zerkleinern.
Es dürfen keine Eierschalenstücke mehr zu sehen sein, diese ansonsten aussortieren.
Das Mehl und das Wasser in die Tasse geben und nach und nach das Eierschalenpulver dazugeben.
Die Zutaten gut durchkneten und in die Vertiefung eines umgedrehten Eierkartons füllen.
Die Masse gut andrücken, sie braucht ca. 3 Tage zum Trocknen.
Die Kreide aus dem Eierkarton lösen – fertig!

Hinweise:

- Die Kreide ist nur als Straßenmalkreide verwendbar. Die noch feuchte Kreidemasse kann auch mit Papier umwickelt oder in eine andere Form, z.B. in an einer Seite mit Alufolie verschlossene Toilettenpapierrolle o Ä. gefüllt werden.
- Sollte noch etwas Karton an der Kreide haften, reibt er sich später beim Malen auf Asphalt von selbst ab.

Praxistipp:
- Die Kreide ist zum Malen auf Asphalt geeignet.

Zutaten

- ✔ 6 saubere Eierschalen
- ✔ 3 g Mehl
- ✔ 10 ml heißes Wasser

6 ×
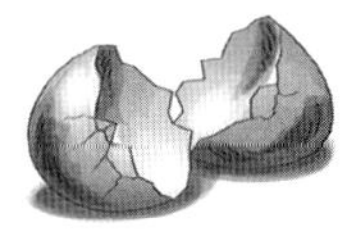

1 ×

2 ×
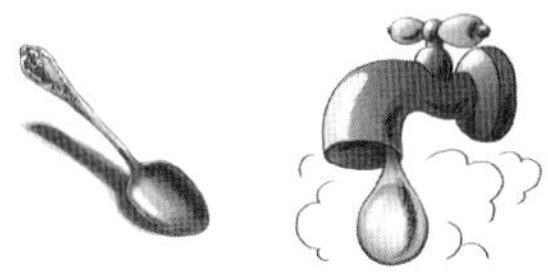

Zutaten

- ✔ 500 ml destilliertes Wasser
- ✔ 450 g Kartoffelstärke
- ✔ 10 ml Lebensmittelfarbe

1 ×

1 ×

3 ×

1 ×

Schleimi

Ungewöhnliche Konsistenz zum spielerischen Experimentieren

Zeit: 10 Min.
Menge: 900 ml Schleimi
Material: Schüssel, Becher, Tasse,
evtl. kleine Gegenstände oder Werkzeuge zum Experimentieren wie Löffel, Schüsseln, Würfel etc.

Das Wasser mit der Lebensmittelfarbe in eine Schüssel geben.
Nach und nach die Kartoffelstärke dazugeben und unterrühren. Der Schleimi ist fertig.

Hinweis:

- Der Schleimi ist ein paar Tage in einem luftdichten Gefäß haltbar.

Praxistipp:

- Aufgrund seiner besonderen Eigenschaften eignet sich der Schleimi hervorragend zum Experimentieren. Die verschiedenen Konsistenzvariationen können ausprobiert, es können Gegenstände in der Masse versenkt und kleine Gegenstände zugedeckt und wieder hervorgeholt werden.

Kristalle züchten

Nicht „wertvoll“ als Produkt, aber wertvoll als Erfahrung für die Kinder!

Zeit: ca. 2 Wochen
Menge: 1 kleiner Salzkristall
Material: Becher, Teelöffel, Schüssel, Tasse, verschließbares Gefäß, Trinkglas, Nähfaden

Das Wasser mit dem Salz in der Schüssel mischen.
Die Lebensmittelfarbe dazugeben und alles solange rühren, bis sich das Salz aufgelöst hat.
2 Esslöffel dieser Mischung in die Tasse geben und an einen warmen Ort stellen (evtl. auf die Heizung).
Den Rest des Salzwassers in dem geschlossenen Gefäß zur Seite stellen.
Wenn das Wasser nach ca. 1–2 Tagen in der Tasse verdunstet ist, bleibt nur noch eine farbige Salzkruste übrig.
Ein kleines Stück davon an den Nähfaden binden.
Die Salzkruste so festbinden, dass sie ungefähr in der Mitte des Fadens sitzt.
Das Trinkglas mit dem übriggebliebenen farbigen Salzwasser füllen.
Das eine Ende des Fadens an einen Löffel knoten.
Den Löffel über das Glas legen, sodass die Salzkruste knapp über der Flüssigkeit hängt und der Rest des Fadens bis auf den Boden des Glases sinkt (siehe Bild).
Innerhalb von ca. 2 Wochen bildet sich um die Kruste herum ein Salzkristall.

Hinweise:

- Verdunstet so viel Wasser im Glas, dass der Faden nicht mehr in der Flüssigkeit hängt, Salzwasser nachgießen.
- Das Wasser steigt am Faden nach oben und lässt die Salzkruste zu einem Salzkristall wachsen.
- Je nachdem, welche Lebensmittelfarbe verwendet wurde, erhält der Kristall seine entsprechende Farbe.

Praxistipps:

- Es ist spannend für die Kinder, das Wachsen des Kristalls zu beobachten.

Zutaten

- ✔ 30 g Salz
- ✔ 300 ml Wasser
- ✔ 5 ml Lebensmittelfarbe nach Wahl

9 ×

1 ×

1 ×

- Der entstandene Kristall kann einen Glücksbringer darstellen, aber auch verschenkt oder zum Dekorieren genutzt werden.
- Mehrere kleine Salzkristalle in verschiedenen Farben können in einer kleinen Dose als „Schatz“ aufbewahrt werden.

Zutaten

✔ 100 g Kartoffelstärke
✔ 1 l Wasser
✔ 5 ml Lebensmittelfarbe

1 ×  

1 ×  

1 × 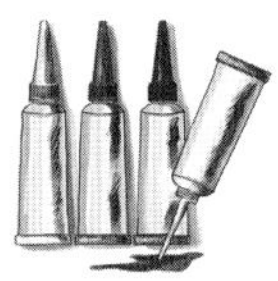

Glibber

Glibbrig und schleimig ... eine wirklich „schöne“ Wahrnehmungserfahrung

Zeit: 10 Min. + Abkühlzeit
Menge: 1 l Glibber
Material: Tasse, Messbecher, Schneebesen, Kochtopf, luftdicht verschließbares Gefäß

Alle Zutaten in den Kochtopf geben und mit dem Schneebesen gut verrühren.
Alles erhitzen, bis es eindickt.
Nach dem Abkühlen ist der Glibber einsatzbereit.

Hinweis:

- In einem luftdichten Gefäß hält sich der Glibber ein paar Tage im Kühlschrank.

Praxistipps:

- Den Glibber zu berühren, durch die Hände rinnen zu lassen und mit ihm zu experimentieren, ist eine schöne Wahrnehmungserfahrung.
- Verschiedenfarbiger Glibber lässt sich mischen.
- Mithilfe von Löffeln, Bechern, Teigschabern etc. lassen sich die verschiedensten Experimente durchführen.

Verrücktes Zeug

Das Zeug verhält sich völlig anders als man denkt, gummiartig, flüssig, zerbrechlich oder schleimig.

Zeit: 10 Min.
Menge: 30 g verrücktes Zeug
Material: Esslöffel, Teelöffel, Tasse

Den weißen Bastelkleber in die Tasse geben und mit der Lebensmittelfarbe vermischen.
Das Flüssigwaschmittel dazugeben und alles verrühren. Die Masse wird gummiartig und klebrig.
Alles ca. 5 Min. in den Händen kneten, bis sich alle Zutaten gut vermischt haben und sich die typischen „verrücktes Zeug"-Eigenschaften zeigen (siehe Praxistipps).

Hinweise:

- Je nachdem, welche Art von Bastelkleber und Flüssigwaschmittel verwendet wird, kann die Konsistenz des „verrückten Zeugs" etwas variieren. Evtl. muss noch Flüssigwaschmittel oder Kleber nachdosiert werden. Dies sollte aber erst gemacht werden, wenn das komische Zeug nach 5 Min. Kneten in der Hand noch nicht die gewünschten Eigenschaften zeigt. Am besten vorher ausprobieren.
- Das „verrückte Zeug" lässt sich in einem luftdichten Behälter oder einer Zip-Lock-Tüte aufbewahren.

Praxistipp:

- Das „verrückte Zeug" ist deshalb so verrückt, da es, je nach Beanspruchung, verschiedene Materialeigenschaften in sich vereint. Wirkt mäßige oder keine Kraft auf das „verrückte Zeug" ein, zerläuft es. Wird es auseinandergezogen, bildet sich ein langer Faden. Plötzliche Krafteinwirkung lässt es reißen, und mit den Händen lässt es sich wie normale Knete bearbeiten.

Zutaten

- ✔ 20 ml weißer Bastelkleber
- ✔ 1 Spritzer Lebensmittelfarbe
- ✔ 15 ml Flüssigwaschmittel

2 ×  

1 × 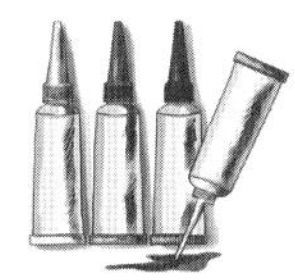

3 ×  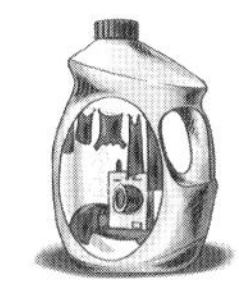

Zutaten

- ✔ 400 ml Wasser
- ✔ 1 Messerspitze Farbpigmente
- ✔ 1600 g Vogelsand

2 ×  

1 ×  

1 ×  

Gefärbter Sand

Für unterschiedliche kreative Tätigkeiten und Deko-Ideen einsetzbar

Zeit: 10 Min. + Trocknungszeit
Menge: ca. 1600 g gefärbter Sand
Material: Tasse, Messbecher, Messerspitze, Plastikwanne oder Eimer, evtl. Mörser und Stößel, Steine, Einmalhandschuhe

Das Wasser in die Plastikwanne geben und mit den Farbpigmenten mischen. Zum Schluss den Vogelsand hinzugeben. Alles mit den Händen gut durchkneten, bis der Sand die Farbe der Pigmente angenommen hat.
Wenn der Sand getrocknet ist (je nach Raumtemperatur dauert dies mehrere Tage), ist er einsatzbereit.

Hinweise:

- Zum Kneten der Sandmasse am besten Einmalhandschuhe verwenden, damit die Hände sauber und farbfrei bleiben.
- Ist die entstandene Sandmasse zu trocken, Wasser dazugeben. Ist sie zu feucht, Vogelsand untermischen.
- Sollte der Sand nach dem Trocknen noch klumpen, kann er von den Kindern mit den Händen oder mit Mörsern oder Steinen wieder zu feinem Sand geklopft werden.

Praxistipps:

- Mit dem gefärbten Sand können tolle Sandbilder hergestellt werden. Auf eine schöne Klebespur gestreut (→ Kapitel „Klebstoffe“ ab S. 40) erzielt der Sand einen schönen Effekt.
- Am besten verschiedenfarbige Sande herstellen, um evtl. Bilder und Verzierungen noch interessanter zu machen.
- Ein Bild mit schwarzem Stift auf ein weißes Blatt malen. Das Blatt in eine Klarsichtfolie schieben.
  Mit Kleber das gemalte Bild nachfahren und anschließend mit dem Sand bestreuen.
  Wenn alles getrocknet ist, das Blatt aus der Klarsichtfolie nehmen, den Lochrand der Folie abschneiden und die Folie ans Fenster hängen.

Ausgrabungsmasse

Archäologie kann auch direkt vor der Haustür stattfinden!

Zeit: 15 Min. + Trocknungszeit
Menge: ca. 1 kg Ausgrabungsmasse
Material: Plastikwanne oder Eimer, Becher, Esslöffel, Schneebesen, evtl. verschiedene formgebende Gegenstände wie Pappbecher, Eierkartons, kleine Gegenstände wie Muggelsteine, Murmeln, Werkzeuge wie Hammer, Meißel, Stöckchen, Löffel, Kratzer

Das Wasser mit dem Tapetenkleisterpulver in die Plastikwanne geben.
Die Masse mit dem Schneebesen verrühren, bis keine Klümpchen mehr zu sehen sind.
Den Vogelsand zugeben und mit den Händen gut unterkneten. Die entstandene Ausgrabungsmasse in Formen füllen (in Pappbecher, Eierkartons etc.)
Nach Wahl noch Murmeln, Muggelsteine o. Ä. in die Masse drücken, sodass sie verschwinden. Wenn die Masse getrocknet ist, diese aus der Form lösen. Die „Ausgrabung" kann beginnen.

Hinweise:

- Ist die Ausgrabungsmasse zu feucht, Vogelsand zugegeben, ist sie zu trocken, Wasser nachschütten.
- Arbeiten kleinere Kinder mit der Ausgrabungsmasse und soll sie deshalb weicher sein, weniger Kleisterpulver untermischen.
- Für farbige Ausgrabungsmasse Farbpigmente, Lebensmittelfarbe etc. untermischen.

Praxistipps:

- Es ist für Kinder besonders attraktiv, die in die Masse eingearbeiteten Gegenstände wieder freizulegen (auszugraben). Mit Werkzeugen wie Hammer, Meißel, Stöcken, Löffeln, Kratzern wird die Masse bearbeitet, um die geheimen Ausgrabungsgegenstände freizulegen.
- Das „Ausgraben" der Gegenstände ist eine tolle motorische Übung.

Zutaten

- ✔ 800 g Vogelsand
- ✔ 300 ml Wasser
- ✔ 30 g Tapetenkleisterpulver

Kopiervorlagen

Mengenangaben

Messerspitze	Teelöffel	Esslöffel

Tasse	Becher	Messbecher
	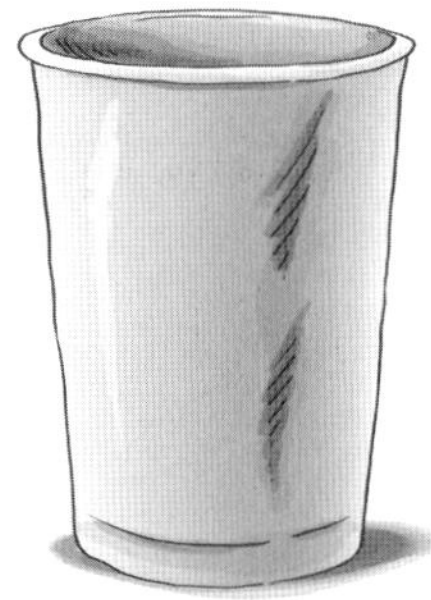	

Zutaten

Baby-Shampoo	Babypuder	Backpulver
	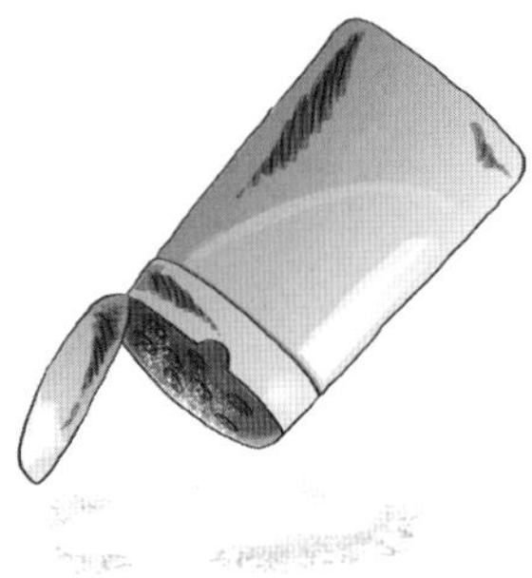	

Bananenschalen	Bastelkleber	Bienenwachs
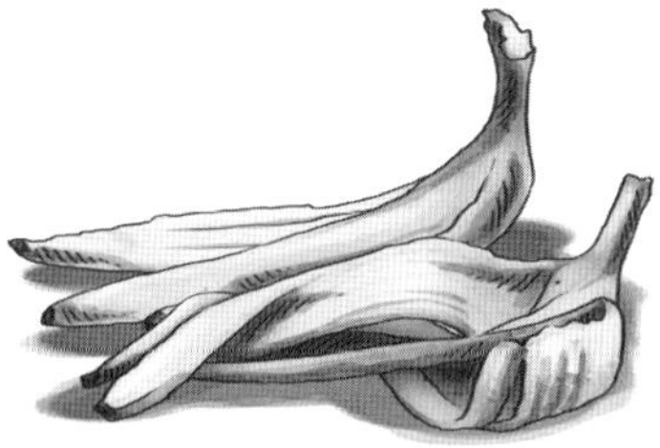		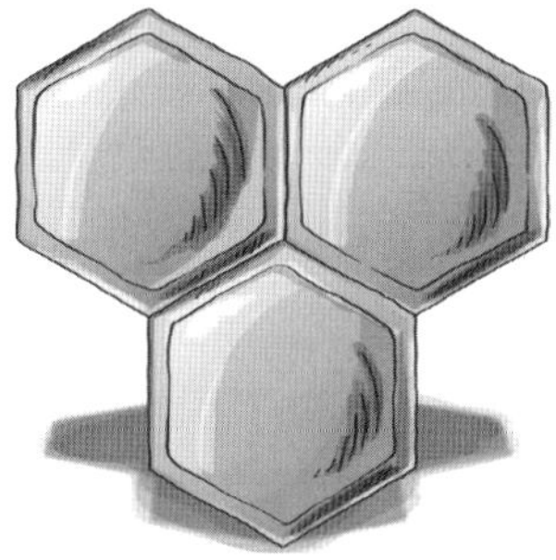
Brennnessel	Brombeeren	Calciumcarbonat
		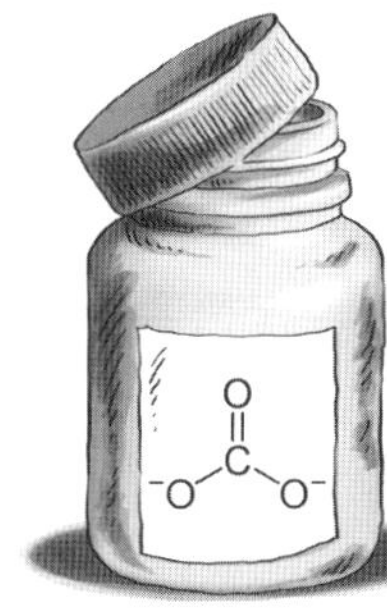
Eierschalen	Eigelb	Eisennägel
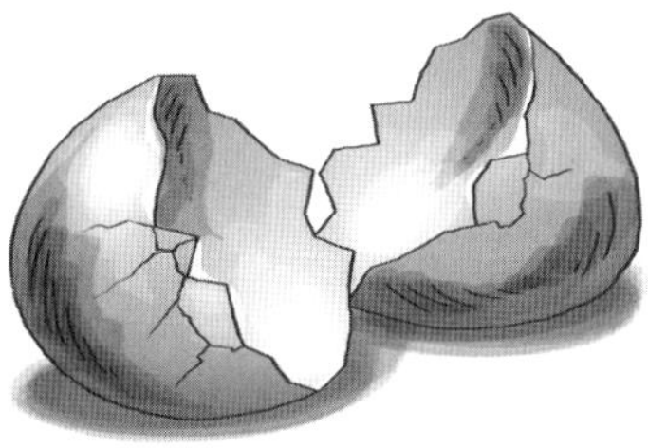		
Erden	Essigessenz	Farbpigmente
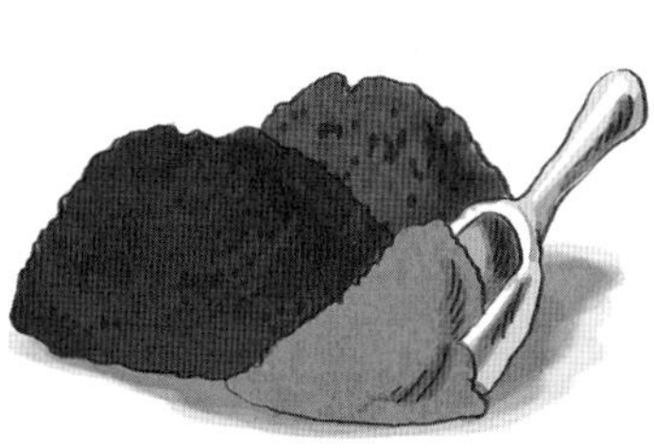		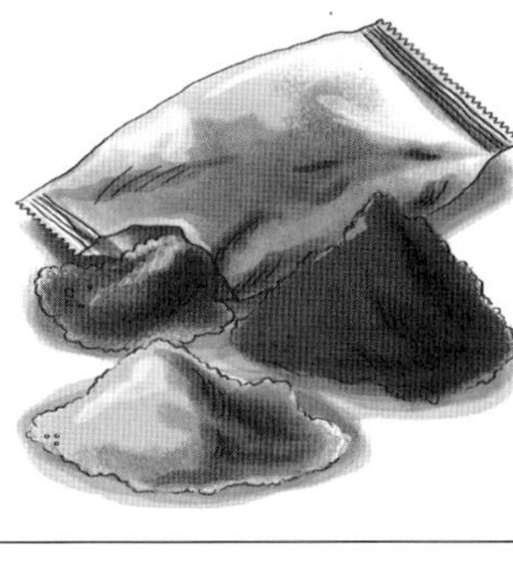

Fingerfarbe

Flüssigwaschmittel

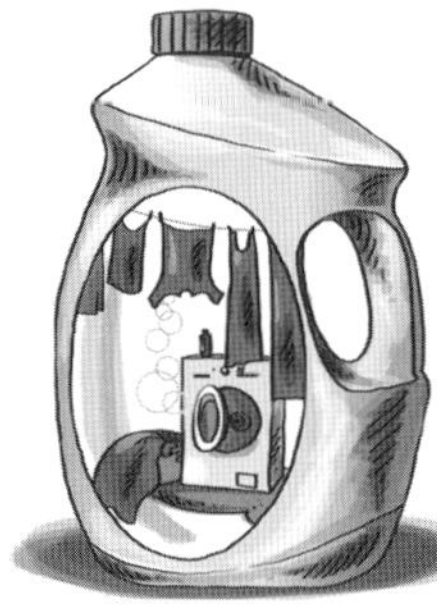

Fruchtgummi

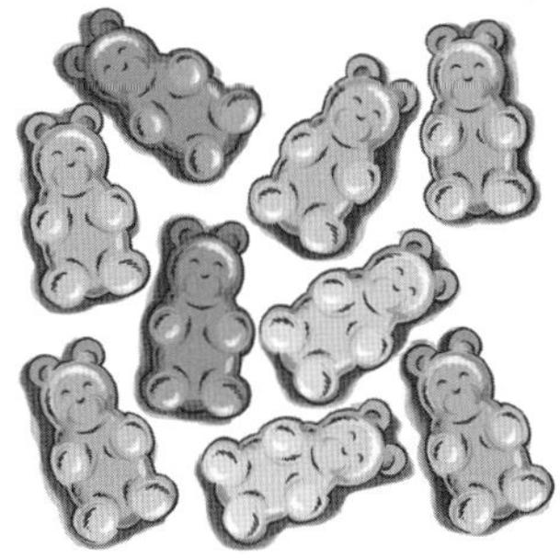

Gelatinepulver

Gips

Glitzer/Konfetti

Glycerin

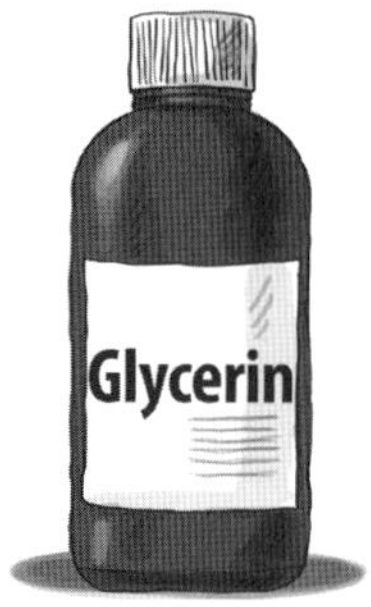

Glycerinseifenmasse

Haferflocken

Haushaltsessig

Hautcreme

Holunderbeeren

Holzkohle

Holzleim

Honig

Kaffee

Kaffeesatz

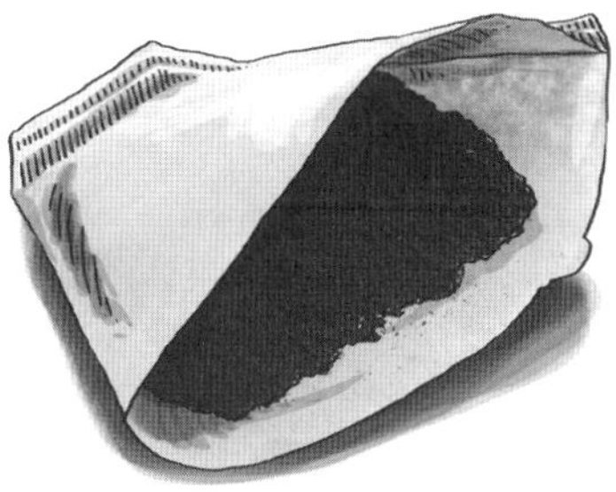

Kartoffel

Kartoffelstärke

Kernseife

Kleintiereinstreu

Kokosfett

Kondensmilch

Lanolin

Lebensmittelfarbe 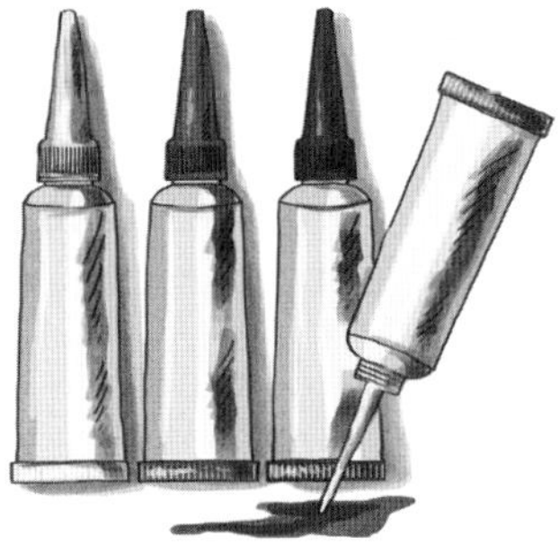	Maiskeimöl 	Meersalz 
Mehl 	Milch 	Möhren 
Natronpulver 	Parfümöl 	Quark 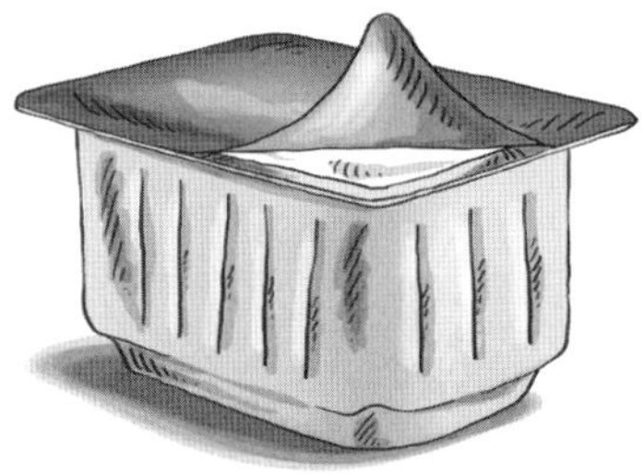
Reis 	Roggenmehl 	Rosskastanien 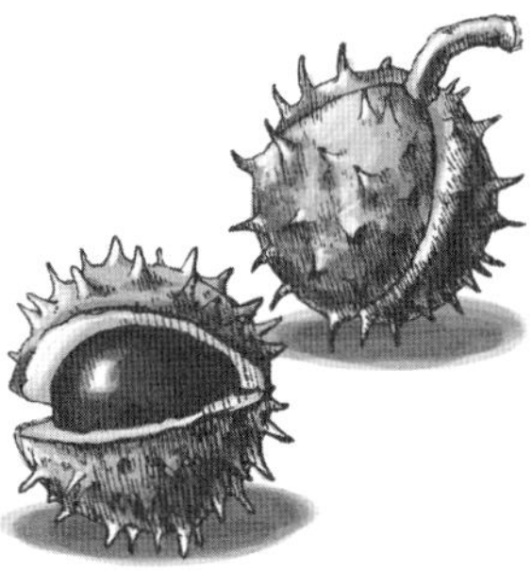

Rote Bete

Rotkohl

Sägemehl

Sahnesteif

Salz

Sojaöl

Sonnenblumenkernöl

Speiseöl

Spinatblätter

Spülmittel

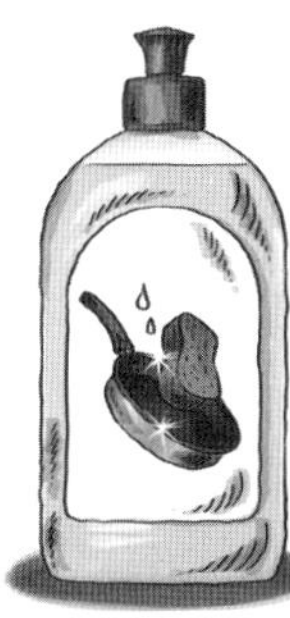

Straßenmalkreide

Sultaninen

Tapetenkleisterpulver	Toilettenpapierrolle	Traubenzucker
	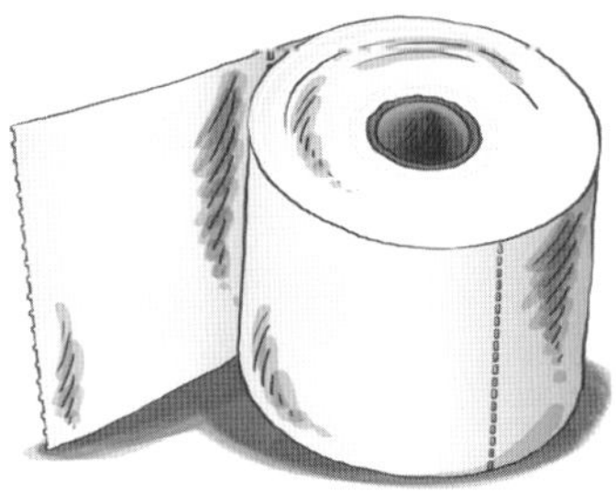	
Vaseline	Vogelfuttermischung	Vogelsand
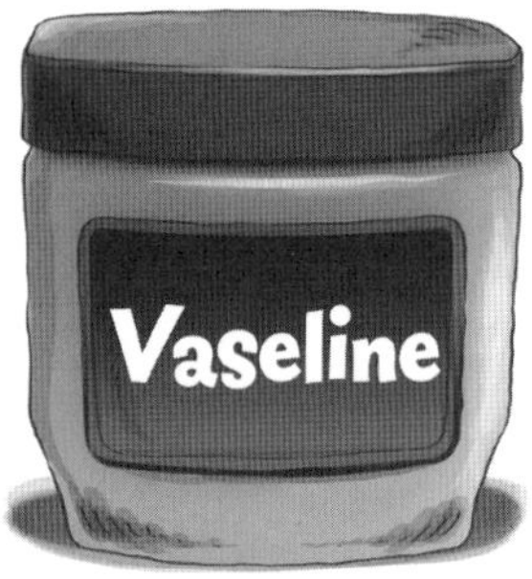		
Wackelpuddingpulver	Walnussbaumblätter	Wäschestärke

Waschpulver	Wasser	Wasser, destilliert

Wasser, heiß 	Zeitungen, Eierkartons 	Zitronensaft 
Zitronensäure  	Zucker 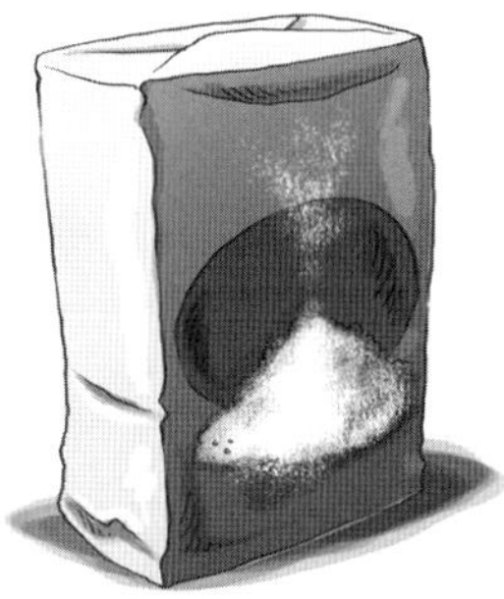	Zuckerrübensirup 
Zwiebelschalen 		

Anhang

Alphabetisches Register

Internetseiten

Farben
- www.labbe.de/zzzebra/index.asp?themaid=315&titelid=910

Farbpigmente
- www.omikron-online.de

Lebensmittelfarben
www.torten-kram.eu

Experimente mit Rotkohl
- www.haus-der-kleinen-forscher.de/de/forschen/praxisideen-experimente/sprudelgas/experiment-detail/experiment/zeige/detail/vom-blaukraut-zum-rotkohl/

Kreativbedarf
- www.creativdiscount.de

Klebstoffe
- www.planet-schule.de/warum_chemie/kleben/themenseiten/t3/s1.html

Modelliermassen
- www.knete.de
- www.labbe.de/zzzebra/index.asp?themaid=315&titelid=708

Tonmassen
- www.creativdiscount.de

Kaltporzellan
- www.bastelfrau.de/modellieren/kaltporzellan-rezept-und-bastelideen

Seifenblasen
- http://82.207.129.240/~ernesti/pub/riesenseifenblasen_hobbythek.pdf

Seife
- www.seifengiessen.com

Öle
- www.nela-forscht.de/2011/03/04/experiment-mit-wasser-%C3%B6l-und-sp%C3%BClmittel/
- www.wdr.de/tv/wissenmachtah/bibliothek/lavalampe.php5
- www.kids-and-science.de/experimente-fuer-kinder/detailansicht/datum/2009/08/11/wasser-oel-emulsion-selbst-machen.html

Forschen
- www.haus-der-kleinen-forscher.de

Spielmaterialien selbst herstellen:
- www.suite101.de/content/spielmaterialien-selber-herstellen-a47920#ixzz1OF2kzKC9
- www.bastelforen.de/index.php?page=Board&boardID=36

Literaturtipps

Arendt, Helena: Entdecke die Farben der Natur. Das Werkstattbuch für Kinder. Bern, CH (Haupt Verlag) 2010.

Knieriemen, Heinz/Krampfer, Martin: Kinderwerkstatt Naturfarben und Lehm. Spielen, werken und bauen mit natürlichen Materialien. Aarau, CH (AT Verlag) 2010.

Mühlenberg, Gisela: Kritzeln, Schnipseln, Klecksen. Erste Erfahrungen mit Farbe, Schere und Papier und lustige Ideen zum Basteln mit Kindern ab 2 Jahren. Münster (Ökotopia) 1996.

Wierz, Jacobine: Spiel doch mit den Schmuddelkindern. Matschen, Schmieren, Spielen und Gestalten mit verschiedenen Materialien. Münster (Ökotopia) 2002.

Die Autorin

Nina Held, Jg. 79, ist Erzieherin und hat viele Jahre in einem Kindergarten in Bocholt gearbeitet. Die Mutter von zwei Kindern hat in ihrem Praxisalltag verschiedene Möglichkeiten zur Bildungsdokumentation entwickelt und getestet. Gemeinsam mit ihrem Mann hat sie die Bildungsdokumentationssoftware GABIP (www.gabip.de) entwickelt. Zur Anwendung dieser Software gibt sie seit 2007 Fortbildungen. Ihr Buch *Spielanlässe zur Erstellung von Bildungsdokumentationen – Spielerische Angebote für gezieltes Beobachten und Dokumentieren in der Kita* ist 2010 im Ökotopia Verlag erschienen.

Die Illustratorinnen

Kerstin Heinlein, Diplom-Designerin, hat eine eigene Agentur für Design und Kommunikation. Darüber hinaus arbeitet sie als freie Mediendozentin und Illustratorin für verschiedene Institutionen, Verlage und Unternehmen. 2004 erhielt sie den „Zukunftspreis Jugendkultur" der PwC-Stiftung für ein literarisch-bildnerisches Projekt mit behinderten Kindern und Jugendlichen.
Für den Ökotopia Verlag hat sie bereits zahlreiche Bücher illustriert, z. B. „In 80 Tönen um die Welt", „Europa in 80 Tönen", „Kindertänze aus aller Welt", „Das Kreisspiele-Buch", „Mit 80 Kindern um die Welt", „Sing, klatsch & spring" und „Klein und Groß im Kinderhaus".

Kirsten Schlag arbeitet seit 1999 als freiberufliche Illustratorin. An der FH Münster hat sie Design mit Schwerpunkt Illustration studiert. Heute lebt sie mit ihrer Familie in einem kleinen Dorf bei Lichtenau (Westf.).

www.oekotopia-verlag.de

Ökotopia im Internet:
Alle Bücher und CDs finden Sie in unserem Online-Webshop

Exklusiv nur bei Ökotopia:
Lese- und Hörproben, kostenlose Liedertext-Datenbank, Schnäppchen, Veranstaltungstermine, Informationen zu den Ökotopia-AutorInnen ...

Bleiben Sie mit uns in Verbindung

Fordern Sie unseren kostenlosen Magalog an:

Ökotopia Verlag
Hafenweg 26a · D-48155 Münster
Tel.: (02 51) 48 19 80 · Fax: 4 81 98 29
E-Mail: info@oekotopia-verlag.de

Gisela Mühlenberg
Kritzeln, Schnipseln, Klecksen
Erste Erfahrungen mit Farbe, Schere und Papier und lustige Ideen zum Basteln mit Kindern ab 2 Jahren

ISBN 978-3-925169-96-0

Gisela Mühlenberg
Jahreszeiten Bastelkiste
Tolle Ideen für Kinder ab 2 Jahren – fürs ganze Jahr, für Kinderfeste und zwischendurch

ISBN 978-3-86702-139-5

Elke Gulden, Bettina Scheer
Singzwerge & Krabbelmäuse
Frühkindliche Entwicklung musikalisch fördern mit Liedern, Reimen, Bewegungs- und Tanzspielen für zu Hause, für Eltern-Kind-Gruppen, Musikgarten und Krippen

ISBN (Buch) 978-3-936286-36-6
ISBN (CD) 978-3-936286-37-3

Regina Bestle-Körfer, Annemarie Stollenwerk
Sinneswerkstatt Landart
Naturkunst für Kinder

ISBN 978-3-86702-074-9

Mathilda F. Hohberger, Jule Ehlers-Juhle
Klangfarben & Farbtöne
Farben mit allen Sinnen erleben mit Liedern, Spielen, Klanggeschichten und Gestaltungsideen

ISBN (Buch) 978-3-936286-70-0
ISBN (CD) 978-3-936286-71-7

Jakobine Wierz
Knallbunt im Formenrausch
Kinder malen, sprayen, reißen, zeichnen, drucken und gestalten wie farbenfrohe Künstler

ISBN 978-3-86702-041-1

Jakobine Wierz
Große Kunst in Kinderhand
Farben und Formen großer Meister spielerisch mit allen Sinnen erleben

ISBN 978-3-931902-56-8

Jakobine Wierz
Vom Kritzel-Kratzel zur Farbexplosion
Kindliche Mal- und Gestaltungsfreude verstehen und fördern – mit zahlreichen praktischen Anregungen von 2 bis 10 Jahren

ISBN 978-3-936286-42-7

Nicole Joiner, Dagmar Rücker
Knüllen, falten, schneiden, färben
Kunterbunte Ideenkiste für Kinder von 3-8 Jahren

ISBN 978-3-86702-116-6

Jakobine Wierz
Spiel doch mit den Schmuddelkindern
Matschen, Schmieren, Spielen und Gestalten mit verschiedenen Materialien

ISBN 978-3-931902-92-6

Gisela Mühlenberg
Mit Pinsel, Farbe, Schere und Papier
Pfiffige Sachen basteln zum Spielen, Staunen und Bewegen mit Kindern ab 2 Jahren

ISBN 978-3-86702-105-0

Gisela Walter
Von Kindern selbstgemacht
Allererstes Basteln mit Lust, Spiel und Spaß im Kindergarten und zu Hause

ISBN 978-3-931902-84-1

Fordern Sie unseren kostenlosen Magalog an:

Ökotopia Verlag

Hafenweg 26a · D-48155 Münster
Tel.: (02 51) 48 19 80 · Fax: 4 81 98 29
E-Mail: info@oekotopia-verlag.de

www.oekotopia-verlag.de

Ökotopia im Internet:
Alle Bücher und CDs finden Sie in unserem Online-Webshop

Exklusiv nur bei Ökotopia:
Lese- und Hörproben, kostenlose Liedertext-Datenbank, Schnäppchen, Veranstaltungstermine, Informationen zu den Ökotopia-AutorInnen …

Bleiben Sie mit uns in Verbindung

Monika Krumbach

Soziales Lernen mit Kindern

Spielerische Angebote zur Förderung von Gemeinschaft, Toleranz, Integration und persönlicher Entfaltung

ISBN 978-3-86702-138-8

Elke Schlösser

Zusammenarbeit mit Eltern – interkulturell

Informationen und Methoden zur Kooperation mit deutschen und zugewanderten Eltern

ISBN 978-3-936286-39-7

Petra Hinderer, Martina Kroth

Kinder bei Tod und Trauer begleiten

Konkrete Hilfestellungen in Trauersituationen für Kindergarten, Grundschule und zu Hause

ISBN 978-3-936286-72-4

Michi Vogdt

Helau, Alaaf und gute Stimmung

Von Karneval bis Fassenacht: Kinder feiern mit Tröten, Masken, Kostümen und tollen Spielen

ISBN (Buch) 978-3-936286-31-1
ISBN (CD) 978-3-936286-32-8

Andrea Erkert

Prinzessin & Piraten

Jede Menge Spielaktionen, Lieder und kunterbunte Verkleidungsideen für viele Gelegenheiten

ISBN (Buch) 978-3-86702-147-0
und dazu der Tonträger
ISBN (CD) 978-3-86702-148-7

A. Erkert, H. Lindner

Feste feiern & gestalten rund um die Jahresuhr

Mit zahlreichen Spielaktionen, Dekorationen, Rezepten und Planungshilfen

ISBN (Buch) 978-3-936286-68-7
ISBN (CD) 978-3-936286-69-4

Sybille Günther

Lichterfeste

Spiele, Lieder, Tänze, Dekorationen und Rezepte für Feiern und Umzüge in der Lichterzeit

ISBN (Buch) 978-3-936286-66-3
ISBN (CD) 978-3-936286-67-0

Andrea Erkert

Streiten · Helfen · Freunde sein

Spiele, Lieder und anregende Angebote zur Förderung von Toleranz, emotionaler und sozialer Kompetenz in Kindergarten und Grundschule

ISBN (Buch) 978-3-86702-095-4
Gewalt ist blöd! CD
ISBN (CD) 978-3-86702-096-1

Ursula Salbert

Das Körper-Entdeckungsbuch

Vielfältige Spiele, Experimente, Geschichten und kindgerechte Infos zur Entwicklung des Körper- und Gesundheitsbewusstseins

ISBN 978-3-86702-032-9

R. Bestle-Körfer, A. Stollenwerk

Sinneswerkstatt Farben der Natur

Kinder entdecken spielerisch die Farbenvielfalt der Natur

ISBN 978-3-86702-141-8

Annegret Frank

Rangeln, Regeln, Rücksicht nehmen

Spiele und Körperübungen für ein faires Miteinander von Kindern in Kita und Grundschule

ISBN 978-3-86702-110-4

R. Bestle-Körfer, A. Stollenwerk

Sinneswerkstatt Landart

Naturkunst für Kinder

ISBN 978-3-86702-074-9